U0904219

本书系教育部人文社会科学基金青年项目“我国碳中和目标实现的社会路径及政策体系研究”（项目编号：21YJC630032）的研究成果。

低碳文化对企业信息技术深度融合的影响

DITAN WENHUA DUI QIYE XINXI JISHU SHENDU RONGHE DE YINGXIANG

顾美玲◎著

人民出版社

目　录

前　言

我国“30·60”双碳目标的实现不仅需要全新的低碳发展转型战略，而且需要企业从绿色价值观培育角度出发，积极建设低碳意识、低碳规范和低碳价值取向的低碳文化。与此同时，信息技术与各行业的深度融合是建设制造强国、质量强国、网络强国和数字中国的必由之路。企业的信息化、数字化转型过程中不仅涉及组织形态、生产方式和营利模式的根本性转变，也是组织内部价值观念和行为规范的深刻变革。那么，探究低碳文化对推动企业加速数字经济时代的信息化、数字化、智能化转型有何影响，具有重要的理论前沿性和实践价值。

本书在对国内外企业文化、低碳文化建设、企业信息技术深度融合领域的研究成果进行系统梳理的基础上，构建低碳文化对企业信息技术深度融合的影响机制模型，以研究低碳文化推动企业信息技术深度融合的内在过程与关键路径，并基于研究结论提出企业信息化、数字化与绿色化融合发展转型的管理启示。研究过程中综合运用文献研究、元分析、调查问卷和统计实证等方法，范式规范，数据翔实可靠，理论成果坚实，实践层面具有较强的操作性。

顾美玲

2024 年 1 月

绪 论

习近平主席在2020年9月正式向世界做出了“努力在2030年前实现碳达峰、在2060年前实现碳中和”（以下简称“‘双碳’目标”）的庄严承诺。“双碳”目标是我国基于推动构建人类命运共同体的责任担当和实现可持续发展的内在要求而做出的重大战略决策，彰显了我国积极应对气候变化、走绿色低碳发展道路、推动全人类共同发展的坚定决心。“双碳”目标的实现需要从能源结构改革、技术创新、资金投入等硬的层面发力，但同样需要从深层次的价值观念维度出发，培育与绿色可持续发展相适应的低碳文化。文化作为企业全体成员秉承的价值观念和行为准则，在企业经营管理实践中发挥着举足轻重的作用。当代经济学家于光远教授指出企业文化在当今企业管理中的重要地位：“国家富强靠经济，经济繁荣靠企业，企业兴旺靠管理，管理关键在文化。”低碳文化是企业对于可持续发展的基本态度，是企业绿色转型行为背后的动因。因此，越来越多的企业通过培育低碳文化来转变企业发展方式，实现企业的可持续发展。

与此同时，利用新兴信息技术实现信息化、数字化转型是实现“双碳”目标的有效手段。近年来，党和国家高度重视我国数字化和绿色化协同发展，将“数字中国”上升为国家战略。2021年中央网络安全和信息化委员会印发《"十四五"国家信息化规划》，明确提出，"深入推进绿色智慧生态文明建设，推动数字化绿色化协同发展"，"以数字化引领绿色化，以绿色化带动数字化"。全国政协委员、中国工程院院士钱锋指出，将能源供给和利用与工业互联网、大数据、人工智能、5G 等现代信息技术深度融合，以绿色化、低碳化、高值化高端化、数字化智能化为目标，加快企业转型发展。

信息技术作为企业数字化转型的重要元素，在当代的企业经营大潮中扮演着不可替代的重要角色。越来越多的企业希望通过数字化转型实现增长并改善其业务的方方面面。实现企业数字化转型发展的根本目标在于通过信息技术与传统行业进行深度融合，形成新的企业发展业态。当今的信息技术不再是传统意义上的工具性角色，它将对传统产业的生产经营全流程进行彻底改造，任何一个传统产业都可能成为被彻底改造的对象，通过这种破坏性创新，实现对传统产业的升级改造。然而很多企业的信息技术应用效果却仍不理想，究其原因，是企业在促进信息技术与企业业务的深度融合方面还缺乏有效举措，即在信息技术与企业业务间存在"吸收缺口"。

企业信息技术深度融合是新技术嵌入组织的过程，这不是一个单纯的技术过程，而是一个技术与社会环境、组织结构、人员水平密切联系和互动的"社会—技术"过程[①]。伴随着新兴技术的飞速发展，企业吸纳的信息技术从 OA、CRM、MRP/ERP 到互联网、云服务和移动网络，再到大数据、人工智能与物联网，信息技术由依附于业务的辅助性角色逐渐转变为引领业务的战略性角色，技术创新带来了企业业务形态的变化，企业比以往任何时候都需要具备创新性思维，以更加开放、创新的

① 胡安安、黄丽华、凌鸿：《基于文化视角的信息技术应用研究述评》，《研究与发展管理》2009 年第 3 期。

态度接纳信息技术，实现企业的数字化转型。从根本上讲，企业信息深度融合涉及行为的改变和价值观的变革，而融合的过程和状态本身也是组织文化的一种表征①。组织需要在特定的文化环境下权衡众多相互冲突又彼此联系的利益相关者，这种基于文化视角的“博弈”过程决定了企业信息化、数字化转型的现实效果。基于此，在我国企业的数字化绿色化协同转型的情境下，研究“双碳”目标下所培育的低碳文化对于推动企业加速数字经济时代的信息化、数字化、智能化转型有何影响，是十分值得研究和思考的核心问题。

本书在国内外学者对企业文化、低碳文化建设、企业信息技术深度融合研究的基础上，深入探究低碳文化对企业信息技术深度融合的内在过程与关键路径，针对以下问题展开研究：企业信息技术深度融合的内涵、驱动因素是什么？“双碳”目标情境下企业低碳文化的科学内涵、特征、功能是什么？低碳文化影响企业信息技术深度融合的关键路径是什么？

具体来说，本书共七部分，绪论介绍了“双碳”目标下我国企业数字化绿色化协同转型，以及在此背景下本书的研究内容、方法与价值；第一章阐述了相关理论基础并进行国内外文献综述；第二章对企业信息技术深度融合的内涵、驱动因素进行研究，为后文奠定理论基础；第三章对“双碳”目标情境下的企业低碳文化的科学内涵、特征、功能以及其在企业中的一般作用路径进行了理论分析，并从实践角度阐述了企业低碳文化的建设方案，为后文提供理论支撑；第四章构建低碳文化对企业信息技术深度融合影响的理论模型，并提出研究假设；第五章进行实证研究，对所提出的研究假设进行逐一验证；第六章基于研究结论提出

① 陈劲、白海青：《组织文化对 ERP 吸收绩效的影响研究：用户参与的中介作用》，《工业经济论坛》2015 年第 9 期。

对策建议，成为本书实践层面的落脚点。

根据研究问题的特点和需要，本书采用定性和定量相结合的研究方法开展研究工作。具体研究方法如下：

文献研究法。采用文献研究方法对技术采纳理论、复杂适应系统理论、企业文化理论、利益相关者理论和场动力理论进行了系统的梳理，并回顾了企业低碳文化、企业信息技术深度融合以及文化视角下的信息技术吸纳过程相关研究的现状、发展脉络，以总结现有研究存在的不足，为本书的研究主题提供理论契机。

元分析方法。元分析方法作为一种定量的实证研究方法，能够对变量间关系进行更加综合和准确的估计，实现从个别结论到一般结论的科学归纳。本书利用元分析技术，借助 Comprehensive Meta Analysis V2 软件，对以往针对信息技术深度融合驱动因素的实证研究结论进行了综合分析，建立了信息技术深度融合驱动因素框架，为低碳文化对信息技术深度融合影响的中介变量的识别提供依据。

问卷调查法。本书构建了低碳文化对信息技术深度融合的影响机制模型，为收集实证数据，作者设计了相关题项，通过小规模预调研对题项进行了修正和精炼，然后进行大规模的问卷收集工作，最终获得有效问卷。

统计实证方法。利用 SPSS26.0 统计软件进行信度和效度分析、描述性统计分析以及变量间相关性分析，在此基础上，通过多元回归分析方法对本书提出的研究假设进行实证检验。

本书的研究价值在于：在理论层面，本书作为教育部人文社会科学基金青年项目的研究成果，挖掘了低碳文化与企业信息技术深度融合之间的作用路径，打开了两者间影响关系的“黑箱”，推动了企业的绿色化、信息化与数字化转型建设等方面理论体系建设，有益于补充和完善现有理论。

在实践层面，本书从文化建设视角出发，有助于指导处于信息化、数字化建设困境的企业如何通过推动低碳文化建设来弥补经营过程中的不足，并为企业结合自身实际和外部环境特征，更好地推进企业低碳文化建设与信息技术深度融合，提供了实践参考。

本书也有重要的社会价值，响应国家“十四五”信息化和工业化深度融合发展战略、“碳达峰”与“碳中和”实现战略，从微观视角出发，为企业层面的信息化、数字化转型与绿色协同发展提供可借鉴的参考。

第一章　文化视角下企业信息技术深度融合的研究动态

本章旨在完成以下两个方面的任务：一是对本书所涉及的相关理论进行必要的回顾，以阐明研究的理论依据，本书将技术采纳理论、复杂适应系统理论、企业文化理论、利益相关者理论、场动力理论、绿色发展理论和企业社会责任理论等多个领域的相关理论作为研究的理论基础；二是对与本书研究相关的文献进行梳理综述，以掌握前人的最新研究进展，确立本书的研究基点。

第一节　本书涉及的相关理论

一、技术采纳理论

技术采纳理论（Technology Adoption Theory）以行为科学和社会心理学为基础，研究组织或个体在技术采纳过程中的行为规律。技术采纳理论在企业信息化研究领域得到广泛应用，纵观国内外相关研究，技术采纳理论可以细分为采纳行为理论和采纳过程理论。

（一）采纳行为理论

采纳行为理论以社会心理学为基础，关注组织或个体技术采纳的影响因素及作用机理，形成了丰富的理论模型，例如 TRA（Theory of Reasoned Action，合理行动理论）、TAM（Technology Acceptance Model，技术接受模型）、MM（Motivational Model，动机模型）、TPB（Theory of Planned Behavior，计划行为理论）。其中，TAM 是最早，也是最具影响力的理论之一[①]。TAM 认为，行为意向决定用户的使用行为，而行为意向由态度和感知有用性共同决定，态度由感知有用性和易用性共同决定，感知有用性由感知易用性和外部变量共同决定，外部变量包括用户特征、系统设计特征、任务特征等。如图 1.1 所示。

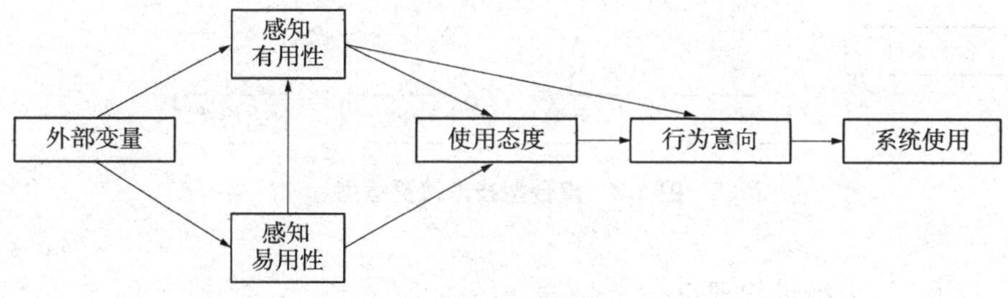

图 1.1　技术接受模型

文卡特什（Venkatesh）和莫里斯（Morris）通过整合 TAM 及其扩展模型和理论，提出了“权威模式”的整合型技术接受模型（Unified Theory of Acceptance and Use of Technology，UTAUT），用于预测和解释使用者对新引入信息技术的接受行为[②]。UTAUT 模型如图 1.2 所示。

其中，绩效期望是指用户对于使用系统能够提升工作的程度的感

---

① Davis F. “Perceived usefulness，perceived ease of use，and user acceptance of information technology”，*MIS Quarterly*，1989，13（3）：319-341.

② V. Venkatesh，M. G. Morris，G. B. Davis，et al.，“User Acceptance of Information Technology：Toward A Unified View”，*MIS Quarterly*，2003，27（3）：425-478.

知；努力期望是指用户使用系统所要付出的努力的程度；社会影响是指用户感受到的受他人影响的程度；便利条件是指用户感知的组织在技术和设备方面对系统使用的支持程度。UTAUT 指出，绩效期望、努力期望、社会影响和便利条件直接影响行为意向；而便利条件还会直接影响使用行为；同时，性别、年龄、经验以及自愿程度将调节这些变量之间的关系。

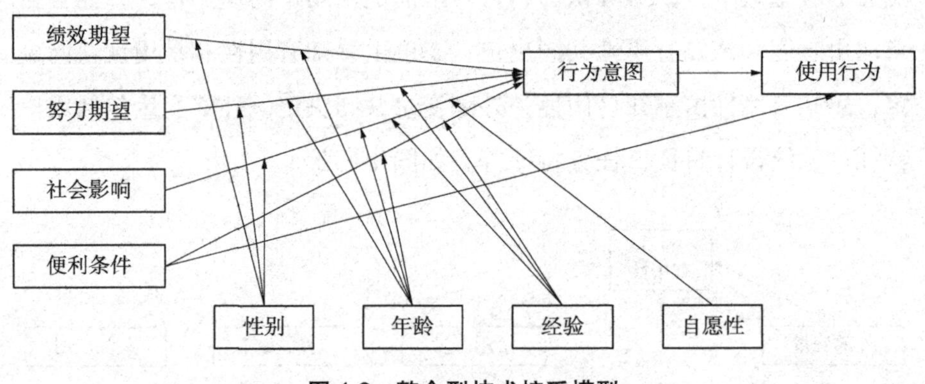

图 1.2 整合型技术接受模型

（二）采纳过程理论

采纳过程理论的研究起源于 20 世纪 70 年代，诺兰（Nolan）以单机系统作为研究对象，首次提出组织信息技术应用的不同阶段，分别以系统在组织中应用的规模和组织在信息技术方面的资源投入量为横纵坐标，提出组织的信息技术渗透过程可以划分为引入、传播、控制和集成 4 个阶段。随后，诺兰又对这一划分标准进行了优化，将其细分为初始期、普及期、控制期、集成期、数据管理期和成熟期 6 个阶段，并提出了每个渗透过程在成本投入方面呈 S 型曲线[①]。库珀（Cooper）和兹木

① MBA 智库：《诺兰的阶段模型》，2023 年，见 https://www.hbs.edu/faculty/Pages/profile.aspx?facId=6524&view=featured-work。

德（Zmud）对信息技术的实施过程进行研究，提出信息技术实施的六阶段模型，包括启动、采纳、调试、接受、规范化与融合①。

技术采纳理论是管理信息系统领域重要的基础理论，用于探讨用户在技术采纳过程中的行为规律。信息技术深度融合是企业吸纳信息技术的高级阶段，引入技术采纳理论有助于从整体的视角研究企业吸纳信息技术的全过程，加深对低碳文化与信息技术深度融合之间影响过程的理解。因此，本书将技术采纳理论作为重要的理论基础，在第二章将应用技术采纳理论对信息技术深度融合的概念内涵进行深层次解析，其中，采纳过程理论是本书对信息技术深度融合与相关概念进行辨析的主要依据；采纳行为理论为信息技术深度融合驱动因素研究框架建立与假设提出提供了理论基础。

二、复杂适应系统理论

复杂适应系统理论（Complex Adaptive Systems，CAS）是由美国学者霍兰（Holland）于 1994 年首次提出，为各类复杂系统中行为的深入研究提供了新颖的思想和富有启发性的思路。因此，CAS 理论一经提出便得到学者的推崇，目前已经广泛应用于各研究领域。

CAS 理论基本思想是，复杂适应系统由相互作用的主体构成，主体在规则的指导下与其他主体以及环境进行交互，并在这一过程中不断地学习和积累经验，进而改变规则和行为方式来适应系统，通过持续的循环过程来实现系统的演化和发展②。CAS 理论最显著的特征在于，主

① R. B. Cooper，R.W. Zmud，“Information Technology Implementation Research：A Technological Diffusion Approach”，*Management Science*，1990，(36)：123-139.

② C. Robert，Reardon，G. Janet，et al.，“Holland’s Theory and Career Assessment”，*Journal of Vocational Behavior*，1999，1 (55)：102-113.

体能够通过互动行为进行“学习”和“成长”①。尽管 CAS 理论是一个较为年轻的理论，但是学者们对其核心要素方面已经达成共识，包括主体（Agents）、交互（Interactions）和环境（Environment）三个方面，如表 1.1 所示。

表 1.1　CAS 理论的核心要素

因素	描述	范例
主体	独立的行动个体或行动单位	人、对象
属性	主体的状态	性别、学历
行为规则	指导主体行为的规则	篮球比赛规则、跳棋游戏
交互	相互适应的行为	合作、交流
连接	主体之间的连接关系	工作关系、生态链
流	资源的流动	知识共享、资源交易
环境	主体之间交互的介质	社会环境
结构	环境的结构和关系	社会结构

资料来源：作者根据相关文献整理。

（一）主体

主体是指复杂适应系统中独立的行动个体或行动单位。由于研究问题的特点，主体既可以是人类，也可以是其他对象，例如组织。一般通过属性和行为规则两个方面来阐述主体。其中，属性是主体的内部状态，既包括静态属性，例如种族，也包括动态属性，例如财富拥有量。属性使主体之间能够区分开来，同时属性也是影响行为规则的重要指标。关于行为规则，一方面，其对主体的行为进行指导和约束；另一方面，主体也将根据其他主体的行为及环境的变化不断地调整行为规则。

（二）交互

交互是指主体之间相互适应的行为。在交互过程中涉及的两个重要

① 陈禹：《复杂适应系统（CAS）理论及其应用——由来、内容与启示》，《系统辩证学学报》2001 年第 4 期。

概念是连接和流。其中，连接表达的是主体间的相关关系，随着交互的发生而产生。主体的属性影响连接关系，伴随着主体属性的变化，主体间的连接关系也会随之改变。流是指在交互过程中流动的资源，既包括物流，也包括信息流、知识流等。

（三）**环境**

环境是指主体之间交互的介质。结构是环境的属性，一方面，环境的结构为主体之间以及主体与环境之间的交互行为提供了条件；另一方面，主体通过不断地交互也将对环境的结构进行修改①。

如果将实施信息技术以后的企业看作是一个复杂适应系统，适应性主体则包括企业高层管理者、信息技术经理、业务经理以及组织中其他所有成员。交互行为是信息技术经理与业务经理以及组织中的其他所有成员在高层管理者制定的行为规则约束和指导下，进行持续的合作与交流的行为。主体所处的环境既包括组织内部环境，也包括组织外部环境。因此，对信息技术深度融合的动态过程可以进行如下描述：企业实施信息技术以后，高层管理者主体在年龄、教育程度、任期等属性的影响下，制定与信息技术应用相关的，并且符合本企业特点的交互行为规则，如信息技术优先权、CIO（Chief Information Officer，首席信息官）的汇报关系等，信息技术经理、业务经理等其他主体在行为规则指导和约束下，通过持续地进行主体之间、主体与环境之间交互，不断学习和掌握跨界知识，进而促进信息技术与业务的融合水平，实现系统的演化和发展。因此，本书将复杂适应系统理论作为重要的理论基础。在第二章将尝试基于复杂适应系统理论，从主体、交互和环境三个核心要素的角度，为来源于文献研究的信息技术深度融合驱动因素做出维度上的分

① 贾昱：《基于复杂适应系统的多层次信息技术与业务匹配动态性研究》，江苏科技大学博士学位论文，2016 年。

类。并且，在第四章低碳文化对企业信息技术深度融合的影响路径理论分析、模型构建及假设提出部分，将基于复杂适应系统理论基本思想，从主体之间、主体与环境之间的持续交互促进复杂适应系统的循环演化的角度，对低碳文化与企业信息技术深度融合之间的深层次作用机制进行理论阐释。

三、企业文化理论

20 世纪 70 年代初，身处石油危机的美国受到日本经济发展的巨大冲击，这极大提升了美国理论界对于日本经营哲学的研究热情。1980 年，哈佛大学教授沃格尔编著的《日本名列第一》一书在全美范围内引起强烈反响。人们开始注意到日本企业在管理模式方面的特点：通过塑造一种有利于员工发挥主动性和创造性的文化，能够帮助企业获得长期经营业绩。不久后，美国加利福尼亚大学威廉·大内出版的《Z 理论》一书提出“Z 型文化的概念”。威廉·大内认为，Z 理论文化是一套宣扬长期雇佣、信任和亲密关系的文化，实行 Z 型文化的企业在战略、人事甚至产品的所有领域，都受到这种文化的影响。1982 年，在调查了近百家美国业绩表现突出的企业后，美国哈佛大学的雷斯·迪尔和麦金斯管理咨询公司顾问阿伦·肯尼迪合著了《企业文化》。在书中指出，杰出的公司的共同特点是都拥有强大的企业文化，价值观是企业文化的核心。随后，《追求卓越》《日本的管理艺术》等图书，都对日本独特的企业文化进行了深入剖析。这些著作的诞生，掀起了重构企业管理体制和企业文化的热潮，标志着企业文化理论的诞生和企业文化研究的开端。

（一）企业文化的内涵

“企业文化”作为专业术语使用，最初源自 20 世纪 80 年代初的西方管理学界，在英语中几种不同的说法同时使用：包括组织文化（Organizational Culture）、公司文化（Corporate Culture）、企业文化（Enterprise Culture）等。学者们基于不同视角提出了企业文化的概念内涵，由于篇幅限制，这里仅列举国内外部分经典研究。

1. 国外学者对企业文化的定义。企业文化理论的奠基人沙因（Schein）认为企业文化的“精髓”就是，在企业长期发展的历史当中，员工们共同习得的“价值观、理念和假设”，它们随着组织继续获得成功而变成“共享的”和“理所当然”，是企业在自身发展过程中形成的以价值观为核心的文化管理模式①。这一定义强调了企业经营历史对文化形成的重要作用。霍夫斯泰德（Hofstede）认为，企业文化是一组共享的规范、价值观和认知。一方面，员工们的行为习惯逐渐形成企业文化；另一方面，文化作为“共同的价值观”又引导着员工的行为。这一定义描绘了企业文化与员工行为的相互作用关系②。彼得斯（Peters）和沃特曼（Waterman）在其著作《追求卓越》中定义了企业文化：企业文化是汲取传统文化精华，结合当代先进管理思想与策略，为企业员工构建一套明确的价值观念和行为规范。通过创设一个良好的环境气氛，以帮助整个企业进行经营活动③。

2. 国内学者对企业文化的定义。中国社会科学院工业经济研究所研究员韩岫岚提出了他对企业文化广义和狭义的两种理解。他认为广义的企业文化是指企业所创造的具有自身特点的物质文化和精神文化；狭义

---

① E. H. Schein, *Organizational Culture and Leadership*, San Francisco: Jossey-Bass, 1985.

② G. Hofstede, *Culture's Consequences: International Differences in Work-Related Values*, Beverly Hills CA: SAGE, 1980.

③ T. J. Peters & R. H. Waterman, *In Search of Excellence: Lessons from America's Best-Run Companies*, New York, 1982.

的企业文化是企业所形成的具有自身个性的经营宗旨、价值观念和道德行为准则的综合[①]。杨红军认为，企业文化是企业在长期的生产经营过程中逐步形成和培育起来的、具有本企业特色的，并为企业成员普遍接受和共同遵守的价值观念、行为准则、道德规范、风俗习惯，以及反映企业文化特质的规章制度、组织结构和物质实体。其表层文化为物质文化，浅层文化为行为文化，中层文化为制度文化，核心层文化为精神文化[②]。刘消寒对企业文化是这样表述的：伴随着企业的发展，社会习惯嵌入企业，对企业微观主体产生一定影响，这些影响逐渐内化为整个组织的习俗，成为一种不需要强制力就能自发地付诸实施的意识习惯，于是，文化与企业的融合就在企业内部形成了企业文化[③]。

（二）企业文化的功能

企业文化的功能关注文化在组织中发挥作用的能力大小。文化是组织所有运动背后的驱动力。从这个角度来说，具有不同文化特征的企业面对外部环境会产生不同的理解与反应，对企业愿景、目标、责任有不同的定位，进而形成各不相同的企业经营哲学、管理模式和行为准则。因此，文化在企业的战略、组织、运营等各个层面均发挥着重要作用。国内外学者关于企业文化的功能研究可以总结为以下几点：

1. 导向功能。企业文化反映了全体员工所认同的使命、愿景、价值观和经营理念，对组织成员的行为取向起到引导作用。文化中蕴含的企业规范能够引导员工表现出企业所期望的行为。加尔文（Garvin）认为典范与目标一致是企业文化的两种功能，在成员面对缺乏信息和不确定环境而不知作何处置时，典范效应能够帮助成员做出符合组织价值观的

---

① 韩岫岚：《现代企业文化建设》，上海人民出版社 1996 年版。

② 杨红军：《非正式制度与企业文化研究》，吉林大学博士学位论文，2004 年。

③ 刘消寒：《企业文化、企业创新动力与创新能力的关系研究》，吉林大学博士学位论文，2011 年。

决策[①]。

2. 激励功能。员工对本企业崇尚的价值观念和经营哲学的认同感会促使他们认为自己正在为组织做的事是有价值的，从而形成强烈的使命感和持久的驱动力，充分发挥员工的积极性和潜能[②]。

3. 约束功能。马丁（Martin）和雪尔（Siehl）两位学者指出，企业文化具有控制成员行为，尤其是禁止成员不当行为的作用。约束功能主要通过两种途径实现：一方面，企业通过制定与自身价值观契合的规章制度，规范员工行为；另一方面，员工在共同价值观的引导下进行自我管理和控制[③]。

4. 凝聚功能。企业将其基本信念和基本价值观灌输给员工，形成上下一致的企业文化，一旦被员工共同认可后，它就会成为一种黏合力，从各个方面把其成员聚合起来，从而产生一种巨大的向心力和凝聚力。马丁和雪尔两位学者指出，文化划定了企业的界限，成员会以文化特质的有无来判断是否为组织内成员，企业对组织内成员的行为期望会有别于对非组织成员的期望。

5. 辐射功能。企业文化一旦形成较为固定的模式，就不仅在企业内部发挥作用，对本组织员工产生影响，还要通过公共关系与外界公众进行双向交流。王德胜提出，企业的服务和产品销售也会把企业的价值体系反映到外界去，企业形象则以综合的形式把自身文化的丰富内涵昭示于众。企业文化的传播将帮助树立企业的良好公众形象，提升企业的社会知名度和美誉度。

---

① D. A. Garvin，“Building a Learning Organization”，*Harvard Business Review*，1993，(71)：78-91.

② J. Martin，C. Siehl，“Organizational Culture and Counterculture：An Uneasy Symbiosis Panel”，*Organizational Dynamics*，1983，2 (12)：52-64.

③ 王德胜：《基于持续竞争优势的企业文化作用机理研究》，天津大学博士学位论文，2010 年。

作为企业文化的一种类型，低碳文化是企业文化大系统的子系统。本书综述企业文化的功能，为第三章企业低碳文化功能的提出以及企业低碳文化在组织中一般作用路径的理论探索提供了理论依据。同时，企业文化的内涵中实际包含了其核心思想的主要内容，对企业文化内涵的综述一方面有助于界定企业低碳文化的概念内涵，另一方面为第四章构建低碳文化对信息技术深度融合影响机制的理论模型与提出研究假设奠定了理论基础。

四、利益相关者理论

利益相关者理论产生于20世纪60年代，由美国学者弗里曼（Freeman）在《战略管理：利益相关者管理的分析方法》中首次提出。该理论一经提出，其影响力迅速扩大并开始影响公司的治理模式，促使企业管理方式的重大变革。

西方学者对于利益相关者理论的研究起步较早，与代理理论不同，利益相关者理论认为，企业的发展与各个利益相关者的投入或参与密不可分，例如顾客、供应商、债权人、企业内部员工、政府等。企业应追求利益相关者的整体利益，而不仅仅是大股东的利益。该理论融合了以人为本的管理思想，倡导企业管理者在进行管理活动时，应综合平衡各个利益相关者的利益要求。利益相关者理论受到了学者的广泛关注，许多国外学者基于利益相关者理论视角研究公司治理问题，认为公司治理不仅应关注股东与企业经营管理者之间的关系，还应关注其他利益相关者之间的关系。通过保护利益相关者的权益，实现企业价值的最大化。国内学者对于利益相关者理论的研究尽管起步较晚，却也引起足够重视并取得丰硕成果。杨瑞龙和周业安提出，企业经营管理者不仅要关注公司股东的利益，还要关注其他利益相关者的参与。具体而言，董事会、监事会成员均应包括例如职工代表在内的，股东以外的其他利益相关者代表[①]。李维安基于利益相关者理论研究公司治理问题，提出从“行政治理”向“经济治理”转变的思想[②]。

利益相关者理论不再将公司治理局限于股东与企业经营者之间的委托代理关系，而是将与企业生存和发展有密切联系的各个利益相关者纳入治理框架之中，从而深化了公司治理理论[③]。结合本书的研究情境，信息技术与业务的融合是新技术嵌入组织的过程，从文化视角来看，组织需要在特定的文化情境下权衡众多相互联系又彼此冲突的利益相关者，这种基于文化视角的“博弈”过程，将直接决定信息技术深度融合的水平。基于此，本书将利益相关者理论作为重要的理论基础，对利益相关者理论的综述为第四章低碳文化对信息技术深度融合影响机制的理论模型构建与研究假设提出提供了理论基础。

五、场动力理论

“场”是源自物理学领域的概念，最早将“场”概念应用于社会学理论的是社会学家德肯（Durcan），他提出任何事物都是存在于“场”中的。德裔心理学家勒温（Lewin）等学者受此启发，借用物理学领域中的场、向量、力等概念，从个体所处的环境视角解释了个体行为发生的原因，构建了场动力理论（Field Theory）[④]。

---

① 杨瑞龙、周业安：《论利益相关者合作逻辑下的企业共同治理机制》，《中国工业经济》1998 年第 1 期。

② 李维安：《公司治理的新进展：公司治理评价》，《南开管理评论》2004 年第 1 期。

③ 陈旭：《基于利益相关者视角的商业银行公司治理与经营绩效研究》，湘潭大学博士学位论文，2016 年。

④ K. Lewin，R. Lippitt，R. K. White，“Patterns of Aggressive Behavior in Experimentally Created ‘Social Climates’”，*The Journal of Social Psychology*，1939，10：271–299.

场动力的基本思想是，个人的行为是由个体和所处环境的共同作用导致的，即个人的行为取决于他的生活空间。由此提出个体行为的公式 1.1：

$$B = f(Lsp) = f(P \times E) \qquad \text{（公式 1.1）}$$

其中，B 表示个人行为，是一个向量；f 表示某种函数关系；Lsp 表示个人所处的生活空间；P 代表个人内部动力；E 代表所处的环境。

在组织情境下应用该理论时，勒温等学者利用组织氛围概念来表达组织成员的心理动力状态，并将组织氛围定义为个体对组织环境共同的知觉和体验。认为组织氛围能够充分地反映组织成员的生活空间，因而对成员行为具有决定性作用。在勒温之后，也有很多学者通过研究表明，特定的文化氛围可以解释特定行为过程的大量变异。例如，隋杨等学者研究发现，团队创新氛围通过团队效能感对团队创新绩效有显著的正向影响[①]。

低碳文化是组织文化的一种特定类型，组织文化是组织成员所共有的价值观，而组织氛围则是员工们对组织环境的感知，尽管组织文化有别于组织氛围，但两者间却有着千丝万缕的关系。组织文化按照被知觉的程度可以分成表层文化和深层次文化，表层文化是组织成员共同的期望和制度规范，深层次文化是价值观念。其中，文化表层的期望和制度规范是组织成员知觉的对象，是组织氛围形成的基本元素。也就是说，组织文化是组织氛围形成的必要条件[②]。因此，我们也可以将组织氛围理解成是文化的表层象征。本书将场动力理论作为重要的理论基础，为第四章构建低碳文化对信息技术深度融合影响机制的理论模型与提出研

① 隋杨、陈云云、王辉：《创新氛围、创新效能感与团队创新：团队领导的调节作用》，《心理学报》2012 年第 2 期。

② 段锦云、王娟娟、朱月龙：《组织氛围研究：概念测量、理论基础及评价展望》，《心理科学进展》2014 年第 12 期。

究假设提供了丰富的理论依据。另外，当前研究主要应用场动力理论来解释个体行为的动因，本书将在此基础上研究组织层面特定文化对特定行为的影响，进一步扩展场动力理论在解释组织层面行为的适应性。

六、绿色发展理论

绿色发展理论源于马克思主义思想的生态观[①]。马克思认为，自然界对于人类而言具有客观实在性，与人类存在着双向互动性，人类必须尊重自然、顺应自然和保护自然。绿色发展理念从马克思主义出发，为新时代推进经济社会发展拉起了“生态红线”，使实现可持续发展成为经济社会建设的内在要求。绿色发展理念是习近平生态文明思想的重要内容，深化了马克思主义生态观关于人与自然关系的观点，打开了人类生存发展命题的认识视野，使马克思主义生态观在新时代绿色发展实践中彰显出强大的理论力量。当前，绿色发展理论已经逐步渗透到各行各业的结构性调整和绿色化转型过程之中[②]。

绿色发展理论的核心要义是“绿色＋发展”[③]。绿色发展本身内涵的宽泛性，既表现为“绿色”的多维度，也涉及“发展”的多维度。其中，绿色体现为资源、生态、环境等要素，而增长只是发展的目标之一。因此，单独从某一角度很难将绿色发展的内涵诠释清楚。绿色发展涵盖绿色环境、绿色经济、绿色政治、绿色文化等既相互独立又相互依存、相互作用的诸多子系统，其中绿色环境是前提，绿色经济是物质基础，绿

① 刘薇：《以绿色发展引领经济高质量发展》，2023 年 4 月 28 日，见 http://theory.people.com.cn/n1/2023/0428/c40531-32675377.html。

② 黄小凡：《DF 汽车公司低碳文化建设研究》，湖北工业大学博士学位论文，2018 年。

③ 王勇：《绿色发展理论内涵、评估方法及策略路径研究回顾与展望》，《环境与可持续发展》2020 年第 1 期。

色政治是制度保障，绿色文化是内在精神①。其中，以环保为核心价值的绿色企业文化被视为是企业低碳文化形成的铺垫②。本书将绿色发展理论作为重要的理论基础，一方面为第三章深入剖析企业低碳文化的概念内涵和特征奠定基础，另一方面为第四章构建低碳文化对企业信息技术深度融合影响机制的理论模型与研究假设提供了丰富的理论依据。

七、企业社会责任理论

企业社会责任（Corporate Social Responsibility，简称 CSR）的概念最早是由学者欧利文 · 谢尔顿（Oliver Sheldon）于 1924 年在其《管理的哲学》一书中首次提到的。企业社会责任是指企业在创造利润、对股东和员工负责的同时，还要承担对消费者、社区和环境的责任，企业的社会责任要求企业必须超越把利润作为唯一目标的传统理念，强调在生产过程中对人的价值的关注，强调对环境、消费者和社会的贡献③。

当前，在“双碳”目标背景下，企业的社会责任被赋予新的内涵，即企业在生产经营活动中应以实现人的自由而全面发展和人类福祉最大化为目标，秉承社会文化伦理规范，主动履行促进经济发展、保护生态环境、节约自然资源、参与公益事业的社会责任，实现经济、社会、环境的和谐共生发展。在“双碳”目标的战略指引下，企业应该履行社会责任，即承担低碳环境责任。因此，一方面，企业的经营者和决策者应在生产经营过程中把低碳文化纳入企业发展规划、经营决策以及人才

---

① 王玲玲、张艳国：《“绿色发展”内涵探微》，《社会主义研究》2012 年第 5 期。

② 高喜超：《碳无形资产视角下的企业低碳竞争力系统评价》，西安交通大学博士学位论文，2014 年。

③ 百度百科：《企业社会责任》，2023 年 10 月 10 日，见 https://baike.baidu.com/item/ 企业社会责任 /1275。

培养的过程中；另一方面，员工在弘扬低碳文化的企业中就职，也应增加对绿色发展的认知以及绿色组织的认同感。本书将企业社会责任理论作为重要的理论基础，为第四章构建低碳文化对信息技术深度融合影响机制的理论模型与研究假设提出提供了丰富的理论依据。

第二节 低碳文化的相关研究

一、低碳与低碳文化

低碳（Low Carbon），是指将以二氧化碳为主的温室气体排放降至较低或者更低的水平①。低碳概念的提出，主要是由于全球经济规模的不断扩张，含碳能源（包括石油、天然气、煤等）的过度消耗超过了自然界的碳循环平衡负荷，导致大气中以二氧化碳为主的温室气体浓度过高，进而造成气候变化与环境风险挑战等一系列严重的生态问题。这些问题引起了世界各国的高度重视，先后将降低二氧化碳排放量，建立低碳经济作为自己的发展目标。国家主席习近平在第七十五届联合国大会一般性辩论上宣布，中国将提高国家自主贡献力度，采取更加有力的政策和措施，二氧化碳排放力争于 2030 年前达到峰值，努力争取 2060 年前实现碳中和。“双碳”目标的提出，是中国高质量发展的内在要求，也是中国对国际社会的庄严承诺。

在“双碳”目标的指引下，发展低碳经济已成为我国提高国际竞争力、实现科学发展的必然选择。发展低碳经济需要从低碳能源、低碳技术、

① 罗顺元：《论低碳文化与文明前景》，《未来与发展》2010 年第 5 期。

资金等“硬”的层面入手，也需要从人的行为观念和行为方式的变革等“软”的层面入手，即需要培育一种新的，与低碳经济发展相适应的文化模式——低碳文化①。

（一）低碳文化的起源与发展

低碳文化的起源大多被追溯到20世纪90年代的全球气候变化问题。伴随着人们对全球气候变化认识的不断加深，逐渐意识到降低碳排放的重要性，从而催生了低碳文化。随后，低碳文化逐渐在全球范围内得到推广，成为人们追求可持续发展的重要手段。黄焕山指出，进入21世纪后，低碳文化在理论和实践中得到了深入探讨和广泛应用②。谈新敏也提到了类似的观点，他认为低碳文化的起源和发展与全球气候变化的挑战以及社会对可持续发展追求的增强有关③。此外，皮尔逊(Pearson)等学者还从历史角度分析了低碳文化的起源，认为在历史上人类对环境保护的意识就已经潜藏着低碳文化的种子，只是在现代社会才得到了充分的发展和应用④。

低碳文化作为应对全球气候变化的一种文化应答，正逐步受到各方关注。但是对于低碳文化的定义，学界存在着不同的解读。学者们主要从环保和节能的角度来定义低碳文化，黄焕山提出，以低碳技术为载体，新能源革命及减排为行为，主要的控制温室气体协议及文件为制度，碳强度、碳浓度以及碳效率等为核心构成低碳文化及低碳文化体系。余晓钟和魏新两位学者提出，低碳文化应该从心理、行为两个层面

---

① 黄小凡：《企业低碳文化建设的影响因素与路径》，《企业研究》2018年第4期。

② 黄焕山：《论低碳文化》，《武汉商业服务学院学报》2010年第2期。

③ 谈新敏：《低碳文化和低碳文化自觉》，《郑州大学学报（哲学社会科学版）》2012年第6期。

④ P. J. G. Pearson，T. J. Foxon，“A Low Carbon Industrial Revolution? Insights And Challenges from Past Technological And Economic Transformations”，*Energy Policy*，2012 (50)：117-127.

来理解，不仅是一种生活方式的改变，更是一种思维方式的改变①。易艳也认为低碳文化是追求环保、节能，强调降低碳排放和维护地球生态平衡的文化，强调低碳文化的实践不仅仅是一种行动，更多的是一种精神态度的转变②。马立新认为低碳文化就是指一切对人类的身心健康具有建设功能的文化，其主要德性标志是陶冶人的情感，慰藉人的精神，缓解人的焦虑，净化人的心灵和启迪人的思想③。俞鼎和陈玲提出所谓低碳文化，指的是在人们的文化生活、生产实践中，要有低碳消费、低碳排放的意识和行为，在涉及物质能源消费的活动中，要以提倡生态文明、讲究文化质地的目标进行低碳排放和低能源消耗④。

以上学者研究的都是“狭义”的低碳文化，认为低碳文化是一种对于低碳的理念、意识、态度，是一种精神的因素。余晓钟等将低碳文化的定义进一步拓宽，认为低碳文化不仅是一种生活方式，还包括政策制定和技术创新等多个方面⑤。甘曦之则强调了低碳文化在社会发展中的重要性，他们认为低碳文化是促进绿色经济和可持续发展的关键因素⑥。罗伯茨（Roberts）等学者将低碳文化定义为一种通过各种手段减少碳排放的生活方式，这些手段包括但不限于生产和消费模式的改变，以及技术和制度的革新⑦。尹建华和石少卿等学者则从社会角度出发，

---

① 余晓钟、魏新：《论低碳文化的科学内涵、功能及建设方法》，《贵州社会科学》2012年第8期。

② 易艳：《论低碳文化的建构》，《武汉理工大学学报（社会科学版）》2013年第4期。

③ 马立新：《论低碳文化及其建设路径》，《齐鲁学刊》2013年第6期。

④ 俞鼎、陈玲：《“低碳文化”概念的基本思想、运行操作及文明前景》，《科技管理研究》2014年第10期。

⑤ 余晓钟、杨林、杨洋：《论低碳文化的十大特征》，《贵州社会科学》2015年第11期。

⑥ 甘曦之：《低碳经济：理念、实践、创新》，《商业经济》2016年第6期。

⑦ C. Roberts，F. W. Geels，M. Lockwood，et al.，“The Politics of Accelerating Low-Carbon Transitions：Towards A New Research Agenda”，*Energy Research & Social Science*，2018，(44)：304-311.

认为低碳文化是一种倡导公众参与、促进社会公正和公平的文化，强调每个人都有责任和能力降低碳排放①。尼贝蒂塔（Nibedita）等进一步指出，低碳文化是一种涉及个人、社区和全球层面的多元化文化，它倡导全社会共同努力，实现低碳转型②。

（二）低碳文化的实践应用

低碳文化的实践和应用越来越受到全球的重视。在这个过程中，许多国家都在不断探索如何更好地将低碳理念应用到各个领域，并且取得了一些成功的实践经验。

从国际角度来看，很多发达国家已经意识到低碳文化在气候变化和可持续发展问题上的重要作用，并且开始在各个领域实施低碳文化的实践。索瓦库尔（Sovacool）等学者提出，在欧洲许多国家已经通过一系列的政策法规来推动低碳文化的发展③。例如，制定了一系列的法律和政策以降低工业生产和生活中的碳排放；在教育领域，推广了关于环保和节能的知识，通过各种媒体和教育活动，增强了公众对于气候变化和环保问题的认识；在科技领域，鼓励和支持各种低碳技术的研发和应用，鼓励和推广绿色建筑的设计和建设，通过改进建筑的设计和材料降低建筑的能源消耗和碳排放水平④。

---

① J. H. Yin，S. Q. Shi，“Social Interaction and The Formation of Residents' Low-Carbon Consumption Behaviors：An Embeddedness Perspective”，*Resources Conservation and Recycling*，2021，（164）：105116.

② B. Nibedita，M. Irfan，“The Role of Energy Efficiency and Energy Diversity in Reducing Carbon Emissions：Empirical Evidence on The Long-Run Trade-Off or Synergy in Emerging Economies”，*Environmental Science and Pollution Research*，2021，（28）：56938-56954.

③ B. K. Sovacool，C. Demski，L. Noel，et al.，“Culture and Comfort in European Preferences for Low-Carbon Heat”，*Global Environmental Change*，2021：（66）：102-110.

④ J. Stephenson，B. Barton，G. Carrington，et al.，“The Energy Cultures Framework：Exploring the Role of Norms，Practices and Material Culture in Shaping Energy Behavior In New Zealand”，*Energy Research and Social Science*，2015，（7）：117-123.

在我国，关于低碳文化建设的实践探索也在不断深入，从政策层面上制定了一系列推动低碳文化发展的策略。例如，政府出台政策鼓励绿色生产和绿色消费，推动了低碳城市的建设，通过改善城市的规划和设计，降低城市的碳排放①；此外，还开展了一系列的低碳文化教育活动，通过教育让公众了解并接受低碳生活方式②。在能源领域，我国已经开始在一些城市推广使用绿色能源，例如太阳能和风能等可再生能源，这些绿色能源的使用大大降低了碳排放，实现了低碳文化的应用③。

（三）低碳文化的挑战与解决方案

纵观国内外已有研究，低碳文化的推广和实践无疑对全球环境保护和气候变化治理具有深远的意义。然而，在这个过程中，我们也面临着一系列的挑战，低碳技术是推动低碳文化的关键，但在技术研发、应用和推广等方面还存在许多挑战。一方面，尽管近年来低碳技术取得了显著的进步，但在能源效率、碳排放控制等方面仍需提高④；另一方面，将这些技术推广到日常生活中，还需要解决一系列技术问题⑤。此外，如何通过经济手段鼓励和引导公众实践低碳生活方式，也是一个需要解决的经济问题⑥。引导和教育公众接受和实践低碳生活方式，需要解决

---

① 邹瞳、郭丕斌、吴青龙：《中国能源系统“高碳解锁”向低碳转型机制研究——基于社会—技术转型视角》，《中北大学学报（社会科学版）》2023 年第 2 期。

② 石孟园：《书写绿色低碳交通答卷，添彩美丽中国绿色未来》，《中国水运》2023 年第 5 期。

③ 李强：《基于低碳经济视角的新能源技术研究》，《科技资讯》2022 年第 14 期。

④ 李善宏、吕雁琴：《能源供需双侧协同绿色低碳发展研究》，《技术经济与管理研究》2022 年第 10 期。

⑤ 李爽、王劲文：《低碳城市试点政策、居民低碳素养与企业绿色技术创新》，《中国人口·资源与环境》2023 年第 4 期。

⑥ 曹青、王永奎：《基于“低碳经济”为指导的公众日常行为分析》，《教育教学论坛》2020 年第 16 期。

一系列社会接受度问题①。未来的低碳文化研究应该更多地关注技术创新、社会公众的教育和参与以及全球政策和合作等方面。首先，关注低碳技术的进步和创新，包括提升现有低碳技术的效率、降低成本、发展新的低碳技术等。其次，通过教育和宣传提高公众的环保意识和行动，推广低碳生活方式，鼓励公众积极参与到低碳文化的实践中来。最后，关注全球层面的低碳政策研究和国际合作，以构建全球性的低碳行动网络，实现全球低碳转型的目标。同时，跨学科的研究方法，如将环境科学、社会科学、经济学等学科的研究方法结合起来，将对低碳文化的理解和推广起到积极的作用。

二、企业低碳文化相关研究

尽管国内外学者对于企业低碳文化的研究还比较缺乏，但是已有早期研究开始关注绿色企业文化，并形成一定的研究成果。绿色企业文化与低碳企业文化具有很多的共同点，例如，两种文化都倡导节约资源，绿色环保，可持续发展等。可以说，绿色企业文化可以看作是一种基于低碳背景的绿色文化②。

（一）企业低碳文化的概念内涵相关研究

在当前“双碳”国家战略背景下，低碳文化已经逐渐融入企业的主流文化中，成为具有时代特色的新型企业文化。陈鑫茹等将企业低碳文化界定为“双碳”目标背景下，企业在生产经营活动中形成并得到员工共同遵守的低碳价值观念和行为规范③。关于绿色企业文化，目前公

① 岳小花：《公众参与绿色低碳发展探析》，《环境保护》2017 年第 20 期。

② 欧阳斐：《低碳企业文化与企业内部社会资本》，华东师范大学博士学位论文，2012 年。

③ 陈鑫茹、王芳、宋萌萌等：《“双碳”目标下如何激活员工低碳组织公民行为？——基于企业低碳文化视角的实证分析》，《安徽工业大学学报（自然科学版）》2023 年第 1 期。

认的概念是，企业及其员工在长期的生产经营过程中逐渐形成的，以绿色环保理念为企业经营的指导思想，并将其贯穿于企业经营的各个方面，全体员工认同遵循且具有本企业特色，对于资源节约、环境保护及其企业获得可持续成长产生重要影响的行为与认识的综合①。

关于企业低碳文化的构成要素，大部分学者基于企业文化理论将其划分为以下四个层次②：

1. 低碳物质文化。物质文化是企业文化的最表层，是能够通过“看”的方式直观了解的企业文化层次。比如，企业使用的低碳建筑和绿色办公设备、企业生产的新能源或者低碳排放量的产品、车间和办公室内悬挂的鼓励低碳行为的口号、标语，向员工发放的宣传册等。低碳物质文化有利于帮助企业树立低碳品牌形象。

2. 低碳行为文化。企业低碳文化的行为层是指企业员工在生产经营和人际活动过程中产生的富有低碳理念的具体活动。比如，企业在采购、运输、生产、仓储、销售等价值链活动中采取的践行低碳具体行为；企业加大对于节能降碳技术的研发等。低碳行为文化是物质层面文化能够得到贯彻落实的行为保证，是企业经营作风、人际关系和价值观念的动态体现。

3. 低碳制度文化。企业低碳文化的制度层主要体现为体制、组织机构和管理制度等方面。比如，设立专门的部门决策企业的绿色化转型事宜；建立健全企业的低碳制度和行为规范；建立低碳相关的奖惩制度等。制度层将企业的低碳精神文化以正式制度与行为规范的方式加以体现，从而对企业员工的行为产生约束作用，鼓励和督促企业员工在生产经营和生活中践行低碳行为，推动企业的可持续发展。

---

① 范冬梅：《东北老工业基地绿色企业文化建设研究》，齐齐哈尔大学博士学位论文，2013年。

② 兰光华：《企业低碳文化建设因素分析和研究》，《企业家天地》2013年第1期。

4. 低碳精神文化。企业的精神文化是文化的内核，是一种深层次的文化现象。企业低碳精神文化作为一种新兴管理理念，通过贯彻低碳价值观，使低碳理念深入企业全流程、全方位和全员，从而实现在企业的战略制定、经营决策、生产组织、市场营销和售后服务等全环节的低碳化运行，使低碳文化深植于企业的文化根基之中。

也有学者从另外角度提出了企业低碳文化的构成要素，例如，戴化勇等在 2010 年提出绿色企业文化包括员工环保意识、企业环保目标、企业环保制度、企业社会责任、企业家绿色精神等①。王瑞林在2015年提出绿色企业文化的构成要素包括绿色理念、绿色生产、绿色营销、绿色管理和绿色消费 5 个方面②。

（二）企业低碳文化建设相关研究

面对经济发展所带来的环境问题、能源危机日趋严峻的形势，在“双碳”目标的战略引领下，各行各业的低碳文化建设已经初见成效，但仍存在很多不足：黄小凡通过对汽车企业的低碳文化建设现状进行调研后，发现了企业尚未真正建立低碳文化建设的理念、低碳文化建设制度不完善、低碳建设的社会氛围缺乏、低碳信息宣传力度小和资金技术人才投入短缺等问题。易艳提出我国企业在践行低碳文化方面面临的困难与挑战包括技术不够先进、认识观念落后、制度法规不完善、能源结构不合理等。

基于此，学者们提出了企业低碳文化的建设思路：兰光华提出应从培养低碳文化意识、完善企业低碳制度、积极开展低碳研发、严格实施低碳生产、设计低碳营销模式、实践低碳采购与供应等方面出发，开展

① 戴化勇、鲍升华：《绿色企业文化与企业经营绩效关系研究》，《山西财经大学学报》2010 年第 12 期。

② 王瑞琳：《青海省资源型企业——绿色企业文化建设研究》，青海大学博士学位论文，2015 年。

企业低碳文化建设。黄小凡在此基础上，补充了塑造企业低碳文化的核心层、建立低碳奖惩考核机制两个策略。李顺祥针对文化的不同层次，从以下几个方面入手建构绿色企业文化：一是企业领导倡导和员工响应共同创建绿色精神文化；二是实施低碳管理再造企业绿色制度文化；三是企业行动和员工行为共同践行绿色行为文化；四是绿色信息披露和视觉识别系统设计共同打造绿色物质文化①。

但纵观国内外学术成果，低碳文化的研究刚刚起步，可查阅的国内外文献数量均较少。已有研究主要关注低碳文化的起源与发展、科学内涵、影响因素以及低碳文化建设等，聚焦于研究对低碳文化本身，很少有研究关注低碳文化对企业的发展、企业行为等相关变量的影响作用。因此，今后研究一方面应关注低碳文化对于企业层面行为的影响；另一方面应重点关注低碳文化对能够有效提升企业综合绩效的其他过程变量的影响，这有助于加深对于低碳文化的具体影响过程的认识，打开低碳文化对企业绩效影响机制的“黑箱”。

第三节 企业信息技术深度融合的相关研究

信息技术与企业业务的深度融合是帮助企业获取并保持竞争优势的关键所在。对企业信息技术深度融合相关研究的回顾总结，将有助于了解国内外研究现状，把握当前研究的不足，为第二章企业信息技术深度融合概念内涵及驱动因素的研究奠定基础。

---

① 李顺祥：《论绿色企业文化的内涵及构建策略》《山东社会科学》2012年第6期。

一、企业信息技术深度融合概念内涵的回顾

（一）企业信息技术深度融合的定义

表 1.2 整理了国内外学者对于企业信息技术深度融合的不同命名方式。从表 1.2 可以看出，国外学者基本就"IT-Business Alignment"这一用词达成一致，而国内学者在用词方面主要分为"信息技术深度融合""信息技术与业务匹配"两个派别。其中，使用"匹配"的学者侧重于信息系统与管理系统之间的对比分析，强调信息技术与业务两者之间是否适合；使用"融合"的学者侧重于两者融合后变成一个新的整体，强调通过调整与变革实现创新。概括来说，匹配是融合的基础，是融合必要条件；融合是在匹配基础上对信息技术的深层次应用。巴拉德瓦杰（Bharadwaj）等学者呼吁：未来的信息技术战略，应从与业务战略匹配但依附于业务战略的职能层信息技术战略，转变为能够反映信息技术与业务之间融合的战略层信息技术战略①。基于此，本书认为"融合"这一叫法更符合当前时代背景下企业深化应用信息技术实现数字化转型的预期，也更加能够体现新兴技术背景下信息技术的战略价值。

表 1.2　国内外学者对于企业信息技术深度融合命名汇总表

出处	用词	解释
Chan（1992）；Henderson 和 Venkatraman（1993）	Fit	适合
Pyburn（1983）；Tavakolian（1989）；Reich 和 Benbasat（1996）	Link/Linkage	联动、结合
Tallon 和 Kraemer（1999）；Henderson 和 Venkatraman（1999）；Luftman 和 Brier（1999）；Kearns 和 Lederer（2000）；Chan 等（2006）；Haes 和 Grembergen（2008）；Aversano 等（2013）；Gerow（2015）；Alexandre（2016）	Alignment/Align/Aligning	联盟、对齐
陈蔚珠和陈禹（2006）	联盟	联盟关系

① A. Bharadwaj，O. A. Sawy，P. A. Pavlou，"Digital Business Strategy：Toward A Next Generation of Insights"，*MIS Quarterly*，2013，37（2）：471-482.

续表

出处	用词	解释
郑小平和张小栓（2011）；张延林等（2014）；李东等（2013）；王念新等（2016，2017）	匹配	侧重于强调信息技术与业务两者间的相互适应性
石代伦和潘九朱（2006）；范建华和姜旭（2007）；齐晓云（2011）；肖静华等（2012）；戚桂杰和顾飞（2012）	融合	侧重于两者通过“化合作用”变成新的整体

资料来源：作者根据相关研究整理。

对于企业信息技术深度融合的认识，目前尚未统一。以下是比较有代表性的几种说法：

1. 企业信息技术深度融合是指企业的业务战略、信息技术 / 信息系统战略、组织基础设施和流程、信息技术 / 信息系统基础设施和流程之间的适应与集成①。

2. 信息技术使命、目标、计划与业务使命、目标、计划互相支持的程度②。

3. 信息系统战略与经营战略之间的一致性③。

4. 企业信息技术深度融合是指以正确和及时的方式，并且与业务战略、目标和需求相匹配的方式应用信息技术④。

5. 企业信息技术深度融合不是简单地应用信息技术作为支持业务运营的工具，而是为了使信息技术创造更高的商业价值，应该使信息化支

---

① J. C. Henderson，N. Venkatraman，“Strategic Alignment：Leveraging Information Technology for Transforming Organizations”，*IBM Systems Journal*，1993，1（32）：472-484.

② B. H. Reich，I. Benbasat，“Measuring the Linkage Between Business and Information Technology Objectives”，*MIS Quarterly*，1996，20（1）：55-81.

③ P. P. Tallon，“A Process-Oriented Perspective on The Alignment of Information Technology and Business Strategy”，*Journal of Management Information Systems*，2007，24（3）：227-268.

④ J. Luftman，“Assessing Business-IT Alignment Maturity”，*Communications of AIS*，2000，4（14）：1-49.

出为企业带来成倍的回报，实现业务与信息技术在战略、组织、运营等层面端到端的紧密结合，并使实施融合后的业务与信息技术战略能创造更高的用户价值和赢利能力[①]。

（二）企业信息技术深度融合的概念模型

信息技术早些年在组织中扮演支撑性角色，随着新兴技术的不断发展，信息技术逐渐起到越来越重要的战略作用。莫顿（Morton）尝试阐述信息技术的战略地位，提出企业信息技术深度融合的核心要素包括战略、技术、结构、管理流程和个体 / 角色[②]，见图 1.3。

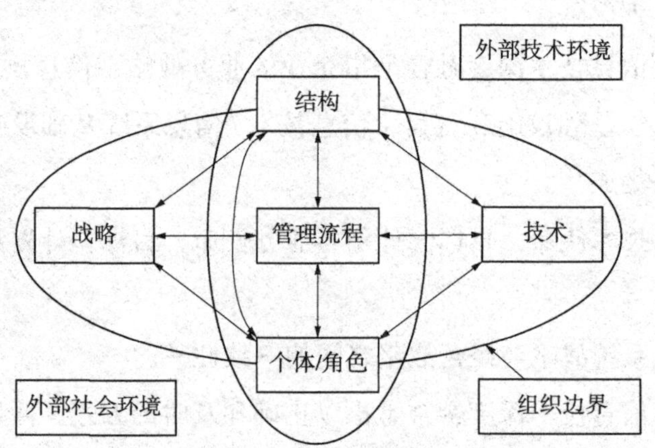

图 1.3　企业信息技术深度融合的核心要素（Morton，1991）

亨德森（Henderson）和文卡特拉曼（Venkatraman）受到莫顿的影响，将企业信息技术深度融合看成是一个不断调整和变革的动态过程，并提出战略融合模型（Strategic Alignment Model，SAM），包括业务战略、信息技术 / 信息系统战略、组织基础设施和流程、信息技术 / 信息系统

① 石代伦、潘九朱：《发挥 IT 的商业价值——一个业务与技术融合的观点》，《软科学》2006 年第 5 期。

② M. S. S. Morton，*The Corporation of the 1990s*：*Information Technology and Organizational Transformation*，Lester Thurow，1991.

基础设施和流程四方面。在此基础上提出实现融合的四条路径：由业务战略驱动的战略执行和技术转型两条路径；由信息技术／信息系统战略驱动的竞争潜力和服务水平两条路径。还描述了同时实现战略融合和战术融合的必要性，以及在业务战略与组织基础设施和流程之间、信息技术／信息系统战略与信息技术／信息系统基础设施和流程之间实现融合的意义，见图 1.4。

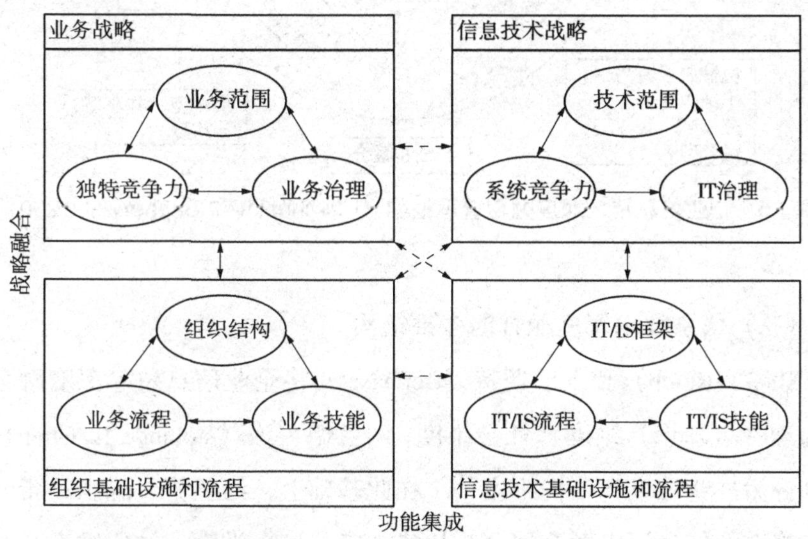

图 1.4　战略融合模型（Henderson 和 Venkatraman，1993）

希海姆（Hirschheim）和萨博赫瓦（Sabherwal）在此基础上，对 SAM 模型进行了简化：主要包括业务战略、信息技术战略、组织结构、信息技术结构四个维度，每个维度包括不同的类型选择。并提出六种融合：战略融合、结构融合、信息技术融合、业务融合以及两种跨域融合[①]，如图 1.5 所示。

① R. Hirschheim，R. Sabherwal，“Detours in The Path Toward Strategic Information Systems Alignment”，*California Management Review*，2001，44（1）：87-108.

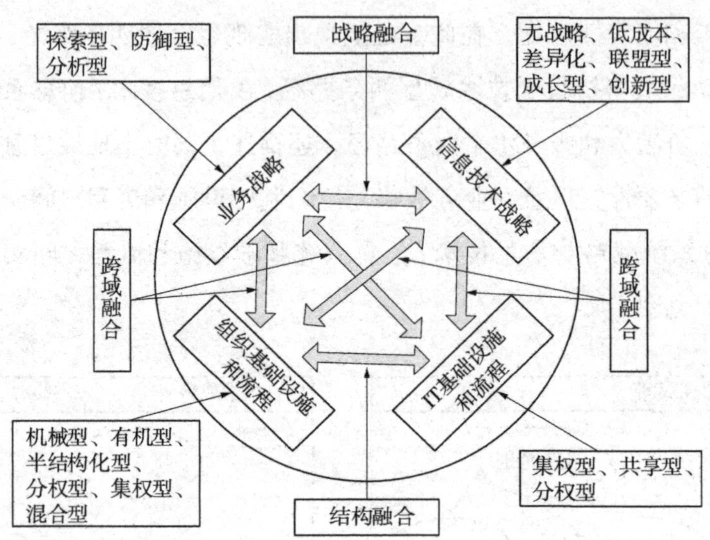

图 1.5　企业信息技术深度融合管理框架（Hirschheim 和 Sabherwal，2001）

（三）信息技术深度融合的多维结构

赖希（Reich）和本巴斯特（Benbasat）将企业信息技术深度融合划分为理性（知识）维度和社会维度；约兰德·陈（Yolande E. Chan）将其划分为战略维度和结构维度①；在此基础上，约兰德·陈和赖希又进一步将企业信息深度融合划分为战略维度、社会维度、结构维度和文化维度②。表 1.3 总结了已有研究对企业信息技术深度融合的维度划分。

由表 1.3 可知，理性（知识）维度包括战略维度和结构维度两个方面，其中战略维度旨在研究企业战略计划以及计划制订的方法；结构维度是指组织结构与信息技术结构的匹配程度；社会维度关注融合形成过程中人的因素；文化维度侧重于研究价值观对于组织行为的影响。本书认为，先前

① Y. E. Chan，"Why We Have Not the Alignment? The Importance of The Informal Organizational Structure"，*MIS Quarterly Executive*，2002，1（2）：97-112.

② Y. E. Chan，B. H.Reich，"IT Alignment：An Annotated Bibliography"，*Journal of Information Technology*，2006，22（4）：316-396.

研究对于企业信息技术深度融合维度划分不够严谨：有的维度划分概念偏狭窄，只反映了企业信息技术深度融合的部分侧面，例如，更多关注战略层面的融合，忽视了战术层面的融合，造成了概念的片面与偏颇；而有的维度划分又过于宽泛，将本属于前因与后果的因素一并纳入企业信息技术深度融合的概念之下，不仅使融合概念本身“失真”，而且造成各维度之间存在“递归式因果关系（Recursive Causality）”，从而形成逻辑分类上的混乱。杰罗（Gerow）着眼于理性（知识）维度的企业信息技术深度融合，对其概念和维度进行了重新界定，同时指出，社会维度是企业信息技术深度融合的前因变量，而非融合本身①。在未来研究中，应准确界定企业信息技术深度融合的内涵和外延，构建更加完善的概念体系与理论模型。

二、基于静态观的企业信息技术深度融合相关研究

基于静态观的学者将信息技术与业务融合视为一种理想水平和最终状态。相关研究可以归纳为融合度计算方法、影响因素和影响效果研究三个方面。

表 1.3　企业信息技术深度融合的维度汇总

维度名称	理性（知识）维度 intellectual dimensions		社会维度 Social dimension	文化维度 Cultural dimension
	战略维度 strategic alignment	结构维度 structural alignment		
详细阐述	信息技术使命、目标、计划与业务使命、目标、计划内部一致和外部有效的状态。	组织结构与信息技术结构的匹配程度。	信息技术与业务部门对业务与信息技术使命、目标、计划的理解和承诺的状态。	融合从根本上涉及文化变革和行为改变。

① J. E. Gerow，*IT-business strategic alignment：essays examining types of alignment and their relationship with firm performance* [D]. South Carolina Clemson City in the United States：Clemson University，2011.

续表

维度名称	理性（知识）维度 intellectual dimensions		社会维度 Social dimension	文化维度 Cultural dimension
	战略维度 strategic alignment	结构维度 structural alignment		
文献来源	Reich 和 Benbasat（1996）；Chan 等（1997）；Oh 和 Pinsonneault（2007）；李东等（2013）；张延林等（2014）	Tavakolian（1989）；Pyburn（1983）；Brown 和 Magill（1994）；Chan（2002）；李东等（2013）；张延林等（2014）	Reich 和 Benbasat（1996）；Preston 和 Karahanna（2009）；Yayla 和 Hu（2009）；Gerow（2011）；张延林等（2014）	Tallon 和 Kraemer（2003）；CIO Staff（2004）；Chan 和 Reich（2007）；Nickels 和 Janz（2010）；Ravishankar 等（2011）

资料来源：作者参考张延林等[①]研究成果整理完成。

（一）融合度计算方法研究

计算方法研究主要关注某一时间截面信息技术与业务的融合度，文卡特拉曼提出了战略研究的六种不同匹配计算方法：调节（Moderation）、中介（Mediation）、两两匹配（Matching）、完全匹配（Gestalts）、偏移（Profile Deviation）和共变（Covariation）[②]。这些计算方法被广泛应用于测量企业信息技术深度融合度。萨博赫瓦和约兰德·陈将业务战略划分为防御型、分析型、探索型三种类型，并分别对应信息技术支持效率、信息技术支持综合性、信息技术支持灵活性三种业务战略，利用偏移匹配计算方法，测量实际匹配情况与理想匹配情况之间的距离，距离越短，则匹配程度越高，证明企业信息技术深度融合水平越高[③]。塔隆（Tallon）采用调节匹配与偏移匹配计算方法，从流程层面研究企业

① 张延林、肖静华、谢康：《信息系统与业务战略匹配研究述评》，《管理评论》2014 年第 4 期。

② N. Venkatraman，"The Concept of Fit in Strategy Research：Toward Verbal and Statistical Correspondence"，*The Academy of Management Review*，1989，3（14）：423-444.

③ Y. Sabherwal，Y. E. Chan，"Alignment Between Business and IS Strategies：A Study of Prospectors，Analyzers，and Defenders"，*Information Systems Research*，2001，12（1）：11-33.

信息技术深度融合与绩效之间的关系。宋丹和李东从流程层面研究如何测量企业信息技术深度融合度，并对传统的调节匹配方法提出了改进建议①。还有学者对六种不同匹配计算方法进行了比较，伯杰龙(Bergeron)等学者研究发现：偏移和共变两种方法在进行理论验证时更适合；完全匹配在进行理论构建时更合适②。

（二）企业信息技术深度融合的影响因素研究

企业信息技术深度融合能够促进企业的信息化投资与应用更加具有规划性和目的性，从而创造战略性的商业价值，帮助企业提高经营绩效。了解哪些因素能够促进信息技术与业务深度融合，对于理论和实践均具有重要意义。因此，企业信息技术深度融合的影响因素研究一直受到学术界和企业家的关注。

最早开始研究企业信息技术深度融合前因变量的是布朗（Brown）和马吉尔（Magill），他们通过大规模访谈验证了公司愿景、信息技术的战略角色、战略导向、信息技术控制权都将影响信息技术与业务的结构融合③。在此基础上，卢夫曼等学者提出了企业信息技术深度融合的促进因素与抑制因素④，如表 1.4 所示。

---

① 宋丹、李东：《基于流程活动的 IT 与企业战略匹配测量》，《北京大学学报（哲学社会科学版）》2011 年第 1 期。

② F. Bergeron，L. Raymond，S. Rivard，“Fit in Strategic Information Technology Management Research：An Empirical Comparison of Perspectives”，*The International Journal of Management Science*，2001，(29)：125-142.

③ C.V. Brown，S.L. Magill，“Alignment of The IS Functions with The Enterprise：Toward A Model of Antecedents”，*MIS Quarterly*，1994，18 (4)：371-403.

④ J. Luftman，R. Papp，T. Brier，“Enablers and Inhibitors of Business-IT Alignment”，*Communications of the AIS*，1999，1 (11)：1-33.

表 1.4　企业信息技术深度融合的促进 / 抑制因素（Luftman，1999）

促进因素	抑制因素
高层领导支持信息技术	信息技术与业务缺乏密切联系
战略规划中包含信息技术	未安排好信息技术优先次序
信息技术能够理解业务	信息技术没有实现承诺
信息技术与业务部门的合作伙伴关系	信息技术不理解业务
信息技术项目优先权配置	高层领导不支持信息技术
信息技术经理发挥领导力	信息技术经理缺乏领导力

资料来源：根据 Luftman 等的研究整理。

赖希和本巴斯特基于社会维度视角，从长期融合与短期融合两个方面出发，探讨共享知识、信息技术实施成功历史、信息技术与业务部门在制订计划时的联系、信息技术与业务经理之间的沟通对企业信息技术深度融合的影响①，见图 1.6。

约兰德·陈等在此基础上，通过对商业企业和科研机构的对比研究后发现，信息技术经理与业务经理间的知识共享、先前的信息技术实施成功历史正向影响企业信息技术深度融合，计划的成熟性通过促进信息技术与业务经理间的知识共享，间接影响企业信息技术深度融合②。哈米特（Hammett）在赖希和本巴斯特的模型基础上加入了信息技术结构和信息技术与业务部门关系管理，通过影响信息技术与业务部门在制订计划中的联系和信息技术与业务经理的沟通，从而间接影响战略层面的信息技术深度融合③。

---

① B. H. Reich，I. Benbasat，"Factors That Influence the Social Dimension of Alignment Between Business and Information Technology Objectives"，*MIS Quarterly*，2000，24（1）：81-113.

② Y. E. Chan，R. Sabherwal，J. B.Thatcher，"Antecedents and Outcomes of Strategic IS Alignment：An Empirical Investigation"，*IEEE Transactions on Engineering Management*，2006，53（1）：27-47.

③ B. M. Hammett，*Corporate strategy and technology alignment factors that contribute to strategy and technology alignment*［D］. Minneapolis：Capella University，2008.

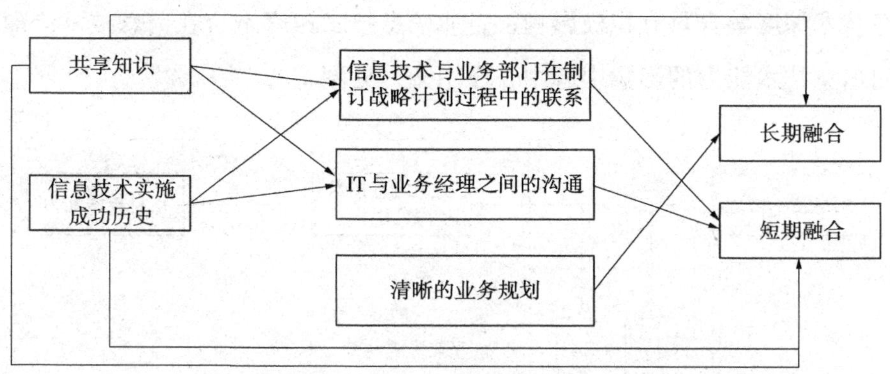

图 1.6　企业信息技术深度融合前因模型（Reich 和 Benbasat，2000）

杰罗基于理性（知识）维度视角，提出社会维度影响企业信息技术深度融合，并利用元分析技术对 184 篇英文文献进行综述，验证了研究假设，其构建的理论模型如图 1.7 所示。

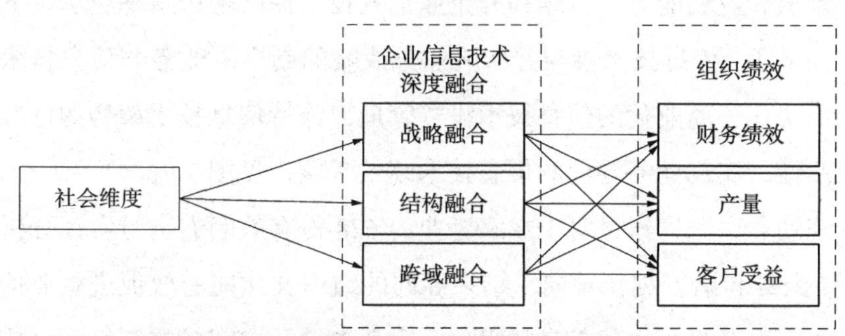

图 1.7　企业信息技术深度融合前因模型（Gerow，2011）

皮尔曼从实践角度对 CIO（Chief Information Office，首席信息官）提出建议：(1) 应使用业务术语来解释信息技术绩效；(2) 使用业务价值来衡量信息技术绩效更容易说服利益相关者；(3) CIO 应该领导信息技术，而不是管理，必须建立信息技术实施愿景；(4) 将信息技术与识别出的业务关键需求相结合；(5) 建立合适的、清晰的、与业务战略相一致的信息技术治理机制。中国学者江炼指出，信息技术治理对企业信息技术深度融合具有积极影响，企业信息技术深度融合在信息技术治理对信息技术能力的影响中起中介作用①，见图 1.8。

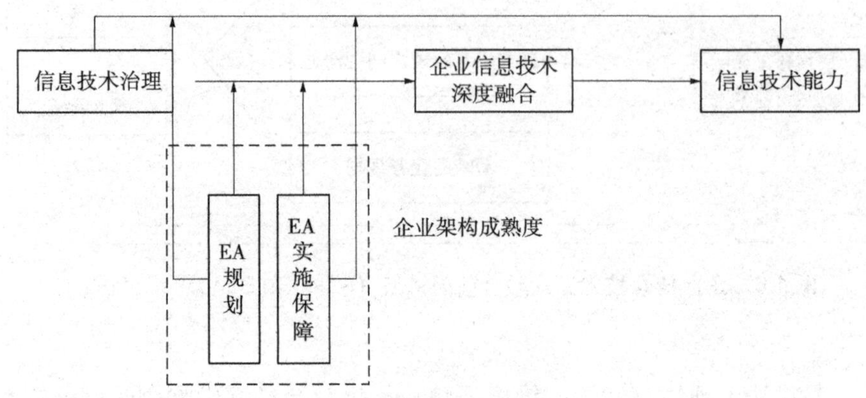

图 1.8　企业信息技术深度融合前因模型（江炼，2014）

石代伦和潘九朱提出，融合后的业务与信息技术战略能创造更高的用户价值和盈利能力。持续提升企业信息技术深度融合水平应从以下五个方面入手：信息技术参与并影响业务战略的制定、业务与信息技术组织全面协作、商业化的信息技术投资管理、保持信息技术架构的标准化和灵活性、实现业务导向的信息技术绩效考核，见图 1.9。

陈劲和白海青通过对 128 家企业的 628 份有效问卷进行实证分析后发现：人际和谐、创新导向、结果导向的组织文化能有效促进企业信息技术深度融合过程中的信息技术单元和业务单元之间的交互行为（信息技术经理参与业务规划和业务经理参与信息技术规划），能够较好地解释企业信息技术深度融合的状态，如图 1.10 所示。

表 1.5 汇总了关于企业信息技术深度融合影响因素的代表性研究成果。

① 江炼：《两化融合背景下制造企业 IT 治理对 IT 能力的影响机制研究》，华南理工大学博士学位论文，2014 年。

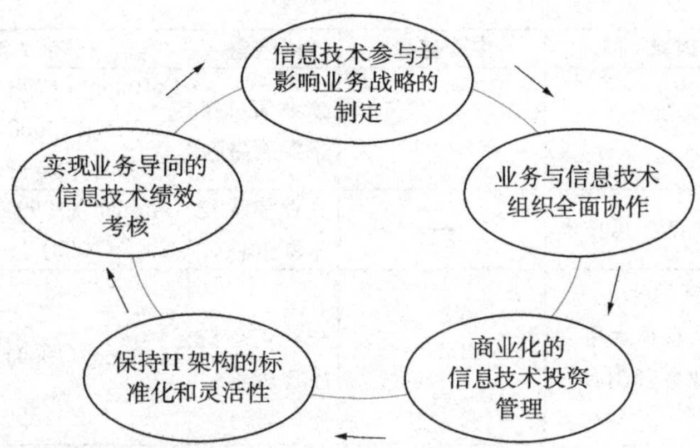

图 1.9　提升企业信息技术深度融合的 5 个要素（石代伦和潘九朱，2006）

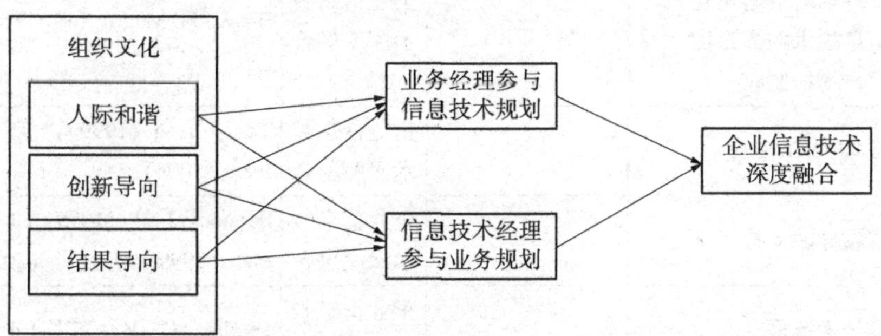

图 1.10　企业信息技术深度融合前因模型（陈劲和白海青，2015）

表 1.5　企业信息技术深度融合的影响因素代表性研究成果

影响因素	中介变量	因变量	作者 / 年份
共享知识	信息技术与业务部门间的联系；信息技术与业务经理间的沟通	短期融合 长期融合	Reich 和 Benbasat（2000）；Chan 等（2006）；Teo 和 Ang（1999）
企业成功的信息技术经历			
清晰的业务规划	—	企业信息技术深度融合	Vitale 等（1986）；Lederer 和 Mendelow（1989）；Reich 和 Benbasat（2000）；Pearlman（2004）；江炼（2014）
战略性地利用信息技术； 信息技术员工紧跟信息技术的发展前沿； 信息技术部门的有效性和可靠性	—	企业信息技术深度融合	Luftman（1999）；Lederer 和 Mendelow（1989）；Hussion 等（2002）

续表

影响因素	中介变量	因变量	作者 / 年份
有效沟通	—	企业信息技术深度融合	Luftman（1999）；Reich 和 Benbasat（2000）；Campbell（2005）；齐晓云（2011）
战略发展中包括信息技术	—	企业信息技术深度融合	Luftman（1999）；范建华和姜旭（2006）
信息技术显示领导能力 排好次序的信息技术项目 信息技术与业务部门合作伙伴关系	— — —	企业信息技术深度融合	Luftman（1999）
公司愿景 信息技术的战略角色 对信息技术的满意度 信息技术控制权	—	企业信息技术深度融合	Brown 和 Magill（1994）
CEO 与 CIO 特质	—	企业信息技术深度融合	Teo 和 Ang（1999）；Icex（2004）
高层领导的支持	—	企业信息技术深度融合	Sabherwal 等（1999）；Luftman（1999）；齐晓云（2011）
信息技术治理	—	企业信息技术深度融合	Pearlman（2004）；江炼（2014）

资料来源：作者根据已有文献整理。

（三）企业信息技术深度融合的影响效果研究

大量研究成果证实：信息技术与业务的深度融合将会对组织产生正向影响，信息技术与业务长期的融合水平较低将会影响组织绩效。萨博赫瓦和约兰德 · 陈研究发现，企业信息技术深度融合与组织绩效显著相关，尽管这种关系很复杂，并取决于业务战略。约兰德 · 陈等沿此思路进一步研究，通过对商业企业和科研机构的对比研究后发现，企业信息技术深度融合正向影响组织绩效，但当业务战略是防御型时，这种影响不显著。塔伦基于流程视角对企业信息技术深度融合与组织绩效的关系进行了研究，提出在与企业战略焦点下的关键流程与信息技术取得了较好融合的情况下，企业信息技术深度融合是影响绩效的关键影响因素。但是，也有学者提出，信息技术与业务融合需要企业投入大量的资源进行基础设施建设、组织结构调整与业务流程变革等，如果融合失败，不仅造成资源的浪费①，而且会影响企业的财务绩效②。还有研究提出“融合悖论”，认为企业信息技术深度融合使企业运营受到严格的控制，限制改变，将导致企业战略缺乏柔性，从而在动态的竞争环境中处于劣势地位③。毕新华等利用元分析技术对企业信息技术深度融合与组织绩效间关系进行定量综合分析，并探索这一影响关系的边界条件。分析结果显示，企业信息技术深度融合显著地影响企业绩效，同时，测量方式、数据调查方法以及研究年份等因素对二者间的影响关系起调节作用④。

也有研究关注了企业信息技术深度融合对组织其他变量的影响，例如，塔伦等学者研究发现企业信息技术深度融合能够促进组织敏捷性。张延林等通过案例研究发现，信息技术动态能力和企业信息技术深度融合是信息技术创造持续竞争优势的关键所在⑤。

---

① M. N. Ravishankar，S. L. Pan，D. E. Leidner，“Examining the Strategic Alignment and Implementation Success of A KMS：A Subculture-Based Multilevel Analysis”，*Information Systems Research*，2011，22（1）：39-59.

② D. Q. Chen，M. Mocker，D. S. Preston，et al.，“Information Systems Strategy：Reconceptualization，Measurement，And Implications”，*MIS Quarterly*，2010，34（2）：233-259.

③ P. P. Tallon，K. L. Kraemer，*Investigating the Relationship Between Strategic Alignment and IT Business Value：The Discovery of a Paradox*，Hershy，PA：Idea Publications，2003.

④ 毕新华、顾美玲、曹越：《基于元分析技术的企业信息技术深度融合与企业绩效关系研究》，《科技管理研究》2017 年第 9 期。

⑤ 张延林、肖静华、李礼等：《业务成功历史、CEO 信念与先验匹配——社会维度视角下 IT 与业务匹配的中国情境案例》，《管理科学学报》2014 年第 2 期。

三、基于动态观的企业信息技术深度融合相关研究

持动态观的学者将企业信息技术深度融合描述为："为构建战略优势而进行的信息技术深度融合的连续过程。"强调企业信息技术深度融合是一种过程而非结果。主要包括过程（阶段）学派、协同演化学派和间断平衡学派。

（一）过程（阶段）学派

过程学派的研究将企业信息技术深度融合划分为不同的阶段。例如，卢夫曼（Luftman）提出企业信息技术深度融合成熟度模型，基于沟通成熟度、竞争力／价值测量成熟度、治理成熟度、合作伙伴关系成熟度、范围与架构成熟度和技能成熟度六项标准，将企业信息技术深度融合成熟度划分为五个等级，即初始过程（Initial Process）、已承诺过程（Committed Process）、已建立核心过程（Established Focused Process）、已改善／管理过程（Improved/Managed Process）和已优化过程（Optimized Process）。也有学者将企业信息技术深度融合分成四个阶段：间断、改变、解决和稳定①。肖静华等学者从企业信息技术应用视角探讨信息技术与业务的融合规律，提出企业信息技术深度融合一方面呈现出从基础层面转向业务层面，再转向战略层面的融合路径；另一方面呈现出从不平衡到逐步平衡的收敛趋势②。张延林构建了基于能力与融合动态演化的信息技术创造企业持续竞争优势的过程理论模型。将企业信息技术深度融合划分为"信息技术战略支持业务战略—信息技术战略与业务战略协同发展—信息技术战略引领业务战略"三个阶段。

---

① C. T. Street，*Evolution in IS alignment and IS alignment capabilities over time：a test of punctuated equilibrium theory* [D]. Kingston，Canada：Queen's University，2006.

② 肖静华、谢康、张延林：《应用视角的 IT 与业务融合规律研究》，《管理评论》2012 年第 2 期。

（二）协同演化学派

协同演化（Co-evolution）是生物进化领域的概念。1964 年，由生物学家埃利希（Ehrlich）和瑞雯（Raven）提出。而后，这一概念被越来越多地应用于地质学、天文学、经济学和管理学等非生物学领域的研究中。协同演化是发生在两个或多个相互依赖的物种上的持续变化，它们的演化轨迹相互交织、相互适应。协同演化具有双向或多向因果关系、非线性、正反馈、路径依赖等特点。一批学者基于协同演化视角审视企业信息技术深度融合的动态过程，提出信息技术与组织通过不断地正向循环、相互交织、双向影响、共同演化。本比亚（Benbya）和麦凯维（Mckelvey）提出信息技术深度融合是发生在个体、运作与战略层面的，不断调整的复杂交互过程①。维西（Vessey）和沃德（Ward）提出企业信息技术深度融合是为了适应环境的变化，业务和信息技术两者间非线性的、动态的交织变化过程，并基于复杂适应系统理论论述了信息技术与业务在组织各个层面持续协同演化的过程。张延林等通过社会网络分析方法进行了多主体仿真，对信息技术深度融合的协同演化规律进行了探索。

（三）间断平衡学派

间断平衡理论（Punctuated Equilibrium Theory）来源于古生物学领域，它认为物种的成种是突变（间断）和渐变（平衡）的结合，物种演化的平衡状态是长期稳定的，而突变往往是在短时间内发生和完成的。社会学领域的学者在分析社会现象的时候也提出了近似的理论。萨博赫瓦等将企业信息技术深度融合分为缓慢的、长久的演化过程和快速的、短促的改革两种动态过程。而管理者对于改革常常持迟疑态度，需要一个强有力的诱因。这些诱因包括：环境变化、持续低绩效、具有影响的

① H. Benbya，B. Mckelvey，"Using Coevolutionary and Complexity Theories to Improve IS Alignment：A Multi-Level Approach"，*Journal of Information Technology*，2006，21（4）：284-298.

外部因素、新领导以及认知转变等[①]。王念新等基于中国企业的案例分析结果，提出企业信息技术深度融合的动态调整存在理想轨迹、矛盾决策、过量改革及飘忽立场等 4 种基本模式，并在萨博赫瓦等人的基础上，提出了中国情境下触发改革的诱因，包括政府支持、组织惯性、社会文化偏好等[②]。陈文波等借助间断平衡理论来审视信息技术与业务动态演化，研究表明，企业信息技术深度融合也存在间断平衡现象，即跳跃与停滞相间，不存在匀速、平滑、渐变的进化[③]。胡安安认为组织信息技术实施是一个长期的平衡与较短时期的突变相结合的过程，并以间断平衡理论为基础，提出组织采纳信息技术的理论分析框架[④]，如图 1.11 所示。

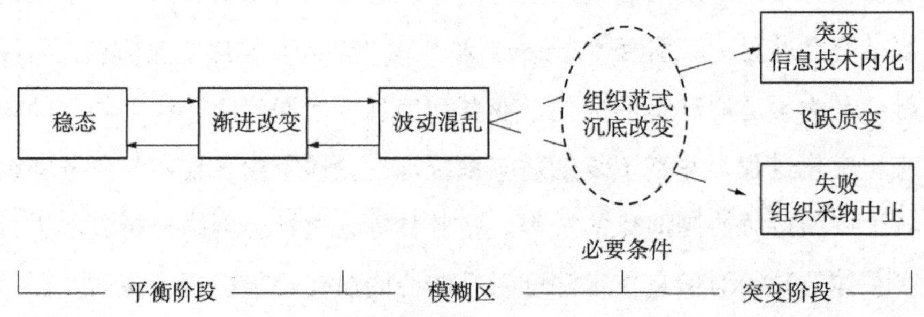

图 1.11　组织采纳信息技术的理论分析框架

企业信息技术深度融合作为近年来的热点话题，得到学者们的广泛关注，并取得了一定的研究成果。但是，现有研究仍存在很多不足，主

① R Sabherwal，R. Hirschheim，T. Goles，“The dynamics of alignment：Insights from a punctuated equilibrium mode”，*Organization Science*，2001，12（2）：179-197.

② 王念新、杜凌云、葛世伦：《企业信息技术匹配动态调整模式的多案例研究》，《科技进步与对策》2017 年第 19 期。

③ 陈文波、黄丽华、曾庆丰：《基于间断平衡理论的企业复杂信息技术接受分析框架研究》，《科技导报》2006 年第 7 期。

④ 胡安安：《企业信息系统的组织采纳规律及其文化因素影响研究》，复旦大学博士学位论文，2010 年。

要表现在以下方面：

第一，企业信息技术深度融合的概念内涵有待于完善。纵观已有研究，对于企业信息技术深度融合的概念界定在以下方面却存在不足：一是未能阐述企业信息技术深度融合在整个信息技术吸纳过程中所处的阶段和角色。完整的信息技术吸纳过程包括“采纳—实施—融合”三个阶段①，但已有相关研究并未立足于高级阶段应具备的特征进行阐述。二是未能体现信息技术深度融合成为“有机整体”的特征。三是未能体现新兴技术背景下信息技术深度融合的新特点。

第二，战略层面的企业信息技术深度融合研究较充分，但忽视了战术层面的研究。少数学者关注信息技术结构与组织结构的融合问题，而考察信息技术流程与业务流程之间的融合问题，目前只有宋丹和李东一篇研究成果。现有的研究对于基础设施、流程与结构等战术层面和战略层面的内在联系问题更是缺乏关注。

第三，忽视了内部员工及外部因素的影响作用。现有研究更多关注企业高层领导的特质、沟通等所发挥的作用，却缺乏考虑信息技术与业务部门员工之间的有效沟通与知识共享等行为的影响。此外，对企业外部制度环境影响作用的研究更是少见②。

第四节　文化视角下的信息技术吸纳过程的相关研究

信息技术吸纳不是一个简单的是否采纳的问题，而是一个由采纳前

① 余翠玲：《信息技术吸纳能力理论模型与实证研究》，吉林大学博士学位论文，2010年。

② 李东、李继学、邱凌云：《信息技术—业务匹配研究述评——基于引文分析法》，《外国经济与管理》2013年第4期。

后一系列活动构成的过程，包括组织采纳、实施、融合全过程。对基于文化视角的信息技术吸纳过程相关研究进行综述，有助于掌握当前研究动态与不足，为第四章理论模型的构建奠定基础。

一、基于层次视角的文化对信息技术吸纳影响关系相关研究

基于层次视角的研究主要关注国家层文化、专业层文化、组织层文化对信息技术吸纳过程的影响作用。

（一）国家层文化

在国家文化层面，研究者考察了西方管理理论在非西方文化世界的适用性，以及国家文化对信息技术的开发与应用方面的影响。在文化的测度方面，霍夫斯泰德的文化维度应用最为广泛，超过60%国家层面的研究都应用了霍夫斯泰德的国家文化测量维度。并得出如下结论：(1) 不确定性规避维度对信息技术接受具有重要的影响。不确定性规避程度低的跨国公司更愿意使用新信息技术，在信息交互过程中碰到的障碍也更少。(2) 个人主义 / 集体主义、男性 / 女性主义两个维度与信息技术使用行为显著相关。(3) 权力距离与信息技术使用效果显著相关。

（二）专业层文化

表1.6　信息技术与业务管理人员职业文化特征

维度	内容	信息技术人员价值观	业务管理人员价值观
组织维度	专业知识	需掌握专业知识，但逻辑思维能力更重要	对业务能力和人际关系交往能力均有要求，但更强调后者
	职业生涯	伴随信息技术的不断发展而逐渐提高	跟随上级管理人员不断提高
	角色判断	以信息技术在组织中的角色来判断	以其在多大程度上对组织负责来判断
	协作关系	同事而非经理	同事及上级主管

续表

维度	内容	信息技术人员价值观	业务管理人员价值观
组织维度	社会贡献	以信息技术作出积极贡献的大小来判断	以合理利用资源的程度来判断
	交流形式	有效的技术交流术语	有效的管理沟通术语
	活动目的	出于共同的技术兴趣	为得到更多的相互支持
关系维度	组织结构	必要的，但灵活性高	责任制，分工明确
	层级关系	扁平结构	明确的汇报关系
	客户关系	客户固然重要，但由于客户的知识水平和兴趣问题，沟通较少	客户至上

资料来源：根据 Srinivasan（2011）文献整理。

随着研究的不断深入，学者发现，个体所从事的专业对其价值观念、思维方式和行为习惯有着深远的影响，来自不同专业的个体对信息技术的看法存在显著的差异，进而影响其信息技术的采纳行为。这一发现引起了学者们的关注，近几年有部分信息系统领域学者开始对专业层面的文化展开研究。但由于起步较晚，专业层文化对信息技术应用的影响研究目前还处于初级阶段。如表 1.6 所示。

通过表 1.6 可以看出，信息技术与业务管理人员的职业文化差异主要体现在：第一，信息技术职业文化强调以技术为本，而业务管理人员职业文化是以人为本；第二，两者与同事及客户之间的关系存在差异；第三，对于治理关系偏好不同。杰克（Jacks）等学者运用探索性实证检验方法提出了信度和效度均较高的信息技术职业文化测量量表，具体包括沟通开放性、控制性、冒险性、知识敬畏感、娱乐方式和权力结构六个维度①。这些研究为文化冲突视角下组织的信息技术实施相关研究奠定了基础。

① T. Jacks，P. Palvia，R. Schilhavy，et al.，"A Framework for The Impact of It on Organizational Performance"，*Business Process Management Journal*，2011，5（17）：846-870.

（三）组织层文化

组织层面文化对信息技术吸纳过程的影响主要体现在信息技术接受、使用行为及使用效果方面。研究主要聚焦在：哪一种组织文化更有利于促进信息技术的成功实施。学者利用实证方法展开研究，发现以下几种易于接受新技术的文化：唯利是图（低社交性、高团结性）的组织文化；柔性、开放并且具有长远目标的组织文化；发展型（强调柔性和创新）的组织文化。学者们还提出，团队导向和任务导向组织文化特征下信息技术的实施将给组织带来更高的满意度；鼓励型、团结型以及宗族型组织文化对知识管理和知识共享行为有促进作用。

二、基于过程视角的文化对信息技术吸纳影响关系相关研究

基于过程视角的研究主要关注文化因素在信息技术吸纳的不同阶段所发挥的作用。文化是在长期的经营活动中形成的，并为组织中成员普遍认可的价值观、理念、行为准则，会在深层次左右人们的行为[①]。研究者将文化特征作为自变量或调节变量，来探讨文化对信息技术实施的影响。表 1.7 汇总了相关研究成果。

通过表 1.7 可以看出，文化对信息技术吸纳过程的影响可以概括为以下几个阶段：

（一）文化因素影响信息技术开发

文化的差异会导致信息技术开发过程有所不同。例如，凯尔（Keil）等学者通过实验发现，具有低不确定性规避文化的国家对信息技术项目风险的感知要低于高不确定性规避文化的国家，所以当项目遇到麻烦

① 陈春花、刘晓英：《管理信息系统中的文化行为研究》，《科学学与科学技术管理》2002 年第 11 期。

时，他们更倾向于继续开展项目；库马尔（Kumar）等学者通过调查研究发现，丹麦的设计者更加强调开发过程中与人相关的问题，而加拿大设计者则更加强调与技术相关的问题。

表 1.7　文化因素对信息技术实施过程影响的研究汇总

因变量	操作化定义	自变量	影响效果	作者 / 年份
信息技术开发	信息技术开发	信息技术开发团队成员具有国家层文化差异	信息技术开发团队成员具有不同的国家文化背景将提升在信息技术开发过程中发生冲突的可能性	Walsham（2005）
信息技术开发	负面消息的汇报	霍夫斯泰德国家文化特征	崇尚个人主义的项目开发团队更倾向于将项目开发过程中的负面消息报告给管理人员	Smith 和 Keil（2003）
信息技术采纳与接受	信息技术采纳	感知有用性；感知易用性	高权力距离、集体主义、偏女性、高不确定性规避的文化正向调节感知有用性、感知易用性与态度、信息技术采纳之间的关系	Kaba 等(2013)
信息技术采纳与接受	创新扩散；模仿扩散	霍夫斯泰德国家文化特征	具有个人主义、短期导向、低不确定性规避文化的国家创新扩散率高于集体主义、长期导向、高不确定规避的国家；而模仿扩散率则反之	Lee 等（2013）
信息技术使用效果	信息技术成功	员工导向—生产力导向	在员工导向的企业中，信息技术实施更容易获得成功；而在生产力导向的企业中，则产生相反的效果	Harper（2001）
信息技术使用效果	管理绩效系统实施	团队导向—理性导向	在具有团队导向的企业中更容易获得管理绩效方面的高满意度；在理性导向的企业中更容易获得系统实施方面的成功	McDermtt 和 Stoek（1999）
信息技术使用效果	满意度	任务导向—员工导向	与员工导向相比，在任务导向的企业中，计算机网络带给使用者更高的满意度	Kangungo（1998）

续表

因变量	操作化定义	自变量	影响效果	作者 / 年份
信息技术深层次使用	战略融合	非正式结构	强大的组织文化是培育信息技术与业务战略融合的先决条件	Chan（2002）
信息技术使用效果	战略融合	组织文化	除了业务战略不清晰和信息技术领导力缺乏两个因素影响信息技术与业务的融合，组织文化也是一个关键因素	CIO Staff（2004）

资料来源：作者根据已有文献整理。

（二）文化因素影响信息技术的采纳、接受

不同国家、组织、团队的使用者受到文化因素的影响，对信息技术的态度和理解程度不同，这直接影响到他们的接受行为。莱达（Leidner）和凯沃斯（Kayworth）研究发现：相比较是否采纳信息技术，文化因素更加显著地影响组织采纳的时间（是行业先驱、居中还是落后）、采纳的范围和采纳的目标。这是因为尽管企业员工可能抵触，但最终会由于某些压力而采纳信息技术，如来自竞争者的压力，领导者坚决的态度等①。

（三）文化因素影响信息技术的使用效果

信息技术的使用效果与文化特征密切相关，哈珀（Harper）和奥特利（Utley）研究表明：在员工导向的企业中，信息技术的实施更容易获得成功；而在生产力导向的企业中，则产生相反的效果②。康格（Conger）和康贡戈（Kangungo）研究发现，与员工导向相比，在任务导向的企

① D. E. Leidner，T. R. Kayworth，"A review of culture in information systems research：Toward a theory of information technology culture conflict"，*MIS Quarterly*，2006，30（2）：357-399.

② G. R. Harper，D. R. Utley，"Organizational Culture and Successful Information Technology Implementation"，*Engineering Management Journal*，2001，13（2）：11-15.

业中，计算机网络带给使用者更高的满意度[①]。石熠和陈智高通过实证研究表明，宗族型、活力型和市场型文化对信息技术应用效果有显著的影响[②]。

（四）文化因素影响信息技术深层次使用

一方面，信息技术深层次使用阶段充分体现了员工的自主性，他们不再受制于组织管理层的约束，而取决于员工自身对信息技术的态度、组织的文化氛围等因素[③]；另一方面，信息技术深层次使用阶段涉及贯穿整个组织的价值观变革和行为改变，因而文化在这一阶段扮演着重要角色[④]。陈劲和白海青研究发现，人际和谐、创新导向的组织文化通过用户参与对 ERP（Enterprise Resource Planning，企业资源计划）吸收具有正面的影响。但关于文化究竟如何发挥作用，却鲜有研究提及。

通过梳理国内外相关研究脉络可以看出，无论是国家层还是组织层，文化视角下的信息技术采纳、接受、深度融合都是信息系统领域关注的重点。文化作为组织成员共有的价值观和行为准则，在组织采纳、接受与使用以及深层次使用信息技术等阶段都起到了潜移默化的作用。尽管基于文化视角的信息技术吸纳过程相关研究已经取得一定的研究成果，但仍存在很多不足，主要体现在以下几个方面：

第一，尽管文化因素对信息技术吸纳过程的重要影响已经得到企业和学者的普遍认同，但是他们之间的关系因缺乏深入的研究而不被人们了解。已有研究多是探讨国家层、专业层或组织层某一文化特征对组织

---

① J. A. Conger，R. N. Kanungo，*Charismatic Leadership in Organizations*，Sage Publications，Inc. 1998.

② 石熠、陈智高：《企业文化对信息系统应用效果影响的实证研究》，《中国管理信息化》2013 年第 19 期。

③ 王玮、廖勇：《企业信息系统采纳后行为评介与展望》，《外国经济与管理》2011 年第 2 期。

④ CIO Staff，"Is Your Culture Hindering Alignment?"，*CIO Insight* 2004，45（1）：65-75.

实施信息技术的影响，即讨论“文化是否影响组织吸纳信息技术”的问题，但是对于“文化对组织吸纳信息技术的影响是如何发生的”这一问题却缺乏深入探讨。

第二，基于过程视角的研究主要集中于文化因素对信息技术开发、采纳、使用效果的影响，而关于文化如何影响信息技术深层次使用的研究却十分匮乏。信息技术与业务的深度融合从根本上讲是价值观变革与行为改变，其不是一个单纯的技术过程，而是一个技术与社会环境、组织结构、人员水平密切联系和互动的“社会—技术”过程。文化因素在这一阶段究竟如何发挥作用，未来研究应着力于构建理论模型，并进行验证。

第三，基于中国情境的相关研究仍显不足。未来研究应当借鉴西方学者在该领域已有的研究成果，将其应用到中国企业的信息技术吸纳问题中。总结归纳中国情境下的国家文化和中国企业的组织文化特点，运用案例研究等方法开发出适合中国情境的文化价值观维度划分及测量量表，深入分析在中国情境下，文化因素对信息技术吸纳的内在影响过程。

本章主要对相关理论基础，以及所涉及的核心概念的研究进展进行了梳理和回顾。在理论综述方面，对技术采纳理论、复杂适应系统理论、企业文化理论、利益相关者理论、场动力理论、绿色发展理论和企业社会责任理论的基本思想、主要内容以及在本书中的适用性进行了阐述。在文献综述方面，首先，对企业低碳文化的内涵以及相关实证研究进行了总结，并对现有研究进行了述评；其次，对企业信息技术深度融合相关研究进行了梳理，包括企业信息技术深度融合的概念内涵、基于静态观与动态观的相关研究进行了总结，并进行了述评；最后，对文化视角下的信息技术吸纳过程相关研究进行了梳理，分别对基于层次视角和过程视角下的相关研究进行了总结，并进行了述评。本章研究为后续章节的理论分析、模型构建和假设提出奠定了理论和文献基础。

第二章　企业信息技术深度融合的概念内涵及驱动因素分析

本章将解析企业信息技术深度融合的概念内涵，并构建其影响因素框架，为后续章节中低碳文化对企业信息技术深度融合影响路径的探索和理论模型的构建奠定基础。具体而言，首先，以第一章文献综述为基础，融入新兴技术快速发展所赋予企业信息技术深度融合的新特点，提出企业信息技术深度融合的概念内涵；其次，在已有研究基础上，基于层次视角，提出企业信息技术深度融合的构成维度；再次，通过文献研究提出企业信息技术深度融合驱动因素框架，借鉴复杂适应系统理论对驱动因素进行归类和理论阐述，并提出研究假设；最后，利用元分析技术进行综合评估，获取企业信息技术深度融合的驱动因素框架。

第一节　企业信息技术深度融合的概念内涵解析

一、企业信息技术深度融合的内涵

基于本书对企业信息技术深度融合概念内涵的综述，可以发现，已有研究在定义企业信息技术深度融合时强调企业战略、目标、活动与其支持的系统的一致性，通过以正确和及时的方式，并且与业务战略、目标和需求相匹配的方式应用信息技术，帮助企业提升赢利能力，创造更高的用户价值。具体而言，本书提取出已有研究的三个共性特征：

第一，强调信息技术与企业业务间保持一致性。卢夫曼提出的概念强调以正确和及时的方式，并且与业务战略、目标和需求相匹配的方式来应用信息技术。麦基恩（McKeen）和史密斯（Smith）指出当组织的目标、活动与支持它们的信息技术保持和谐时，就达到了信息技术与业务的融合[①]。当前被广泛接受的由亨德森和文卡特拉曼提出的定义也强调了信息技术单元与业务单元之间的适应与集成。由此可见，学者们在界定企业信息技术深度融合的概念时，就信息技术与业务间应保持一致性达成共识。

第二，企业信息技术深度融合的目的是服务于组织目标，提升组织绩效。石代伦和潘九朱指出，企业信息技术深度融合不是简单地应用信息技术作为支持业务运营的工具，而应该是为了使信息技术创造更高的商业价值，企业努力实现业务与信息技术在战略、组织、运营等层面端到端的紧密结合。齐晓云也指出，企业信息技术深度融合是企业实施信息技术后，为提高组织绩效而对组织和信息技术进行不断地适应性调整的动态过程[②]。企业应该充分考虑外部环境的压力和自身的业务需求实际，利用信息技术优化业务流程，提高工作效率，获取并保持竞争优势。

第三，研究对象为企业。纵观已有研究，企业信息技术深度融合研究是以企业为研究对象，对信息技术与企业业务间的融合问题进行探

---

① J. D. McKeen，H. A. Smith，*Making IT Happen*：*Critical Issues in IT Management 1st Edition*，Wiley，2003.

② 齐晓云：《信息技术融合及其对组织绩效影响的实证研究》，吉林大学博士学位论文，2011 年。

讨，因此，研究结论并不一定适用于行政机构、公共服务机构等其他类型的组织。

伴随着研究的深入，企业信息技术深度融合的动态性与复杂性得以彰显。同时，伴随着信息技术的飞跃式发展，企业吸纳信息技术的类型从 OA、CRM、MRP/ERP 到互联网、云服务和移动网络，再到大数据、人工智能与物联网等，“互联网 +”时代的到来使传统企业的运营已经逐步向互联网形态演进，催生出基于信息技术的企业发展新业态。阿里巴巴、京东、腾讯等一批企业依托新兴互联网技术异军突起，传统意义上的家电生产企业海尔利用开放式创新虚拟社区搭建用户参与创新平台，这些都充分展现了新兴技术引领企业未来发展的新态势。概念的定义应与时俱进，具体而言，在已有研究基础上，企业信息技术深度融合的概念内涵还应涵盖以下几个要点：

第一，企业信息技术深度融合是企业吸纳信息技术的高级阶段。在界定企业信息技术深度融合的概念内涵时，体现其在整个信息技术吸纳过程中的角色，对于更加深刻地认识企业信息技术深度融合的内部要素及其相互作用关系、前因变量以及影响效果都具有重要意义。基于技术采纳的过程理论，企业信息技术深度融合是企业吸纳信息技术的高级阶段，关注的是企业做出采纳信息技术的决策，并且在组织中成功实施信息技术以后，如何深层次使用信息技术的问题。雅斯帕森等学者提出，采纳后阶段在整个项目生命周期中占用的时间最长，同时也是决定信息技术投资回报关键的阶段①。创新使用是深层次使用的最高级状态，指的是企业探索创新的方式来充分利用信息技术的功能帮助其完成难度较大的工作或者任务。主要包括两种形式，一种是拓展使用，即在原有

① J. S. Jasperson，P. E. Carter，R. W. Zmud，“A Comprehensive Conceptualization of Post-Adoption Behaviors Associated with Information Technology Enabled Work Systems”，*MIS Quarterly*，2005，29（3）：525-557.

的信息技术功能基础上进行拓展，优化现有解决方案；另一种是探索使用，即通过对信息技术进行创新以产生新颖的解决方案。可见，与采纳和实施阶段可能受到企业高层管理者的决策和强势推进的影响不同，信息技术的深层次使用主要受到使用者自主性的限制。因此，研究信息技术吸纳的高级阶段应注重从价值观、心理、行为等方面入手，加深对企业信息技术深度融合的全面认识。

第二，企业信息技术深度融合是一个复杂的动态过程。以往研究对企业信息技术深度融合到底是静态的还是动态的分成两个学派，持静态观的学者将企业信息技术深度融合看作一种理想的水平和状态；而持动态观的学者则认为企业信息技术深度融合是为构建战略优势而进行的连续过程。本书赞成以动态观对企业信息技术深度融合进行概念界定。原因如下：首先，企业实施的信息技术蕴含了先进的管理理念和思想，企业信息技术深度融合不是简单地购买软件、利用系统代替手工操作，而应充分汲取其蕴藏的价值观内核，利用信息技术对企业进行彻底的重塑和变革，以促进企业长期顺利发展。其次，面对动态多变的环境和消费者个性化的需求，信息技术应具备充分的柔性以适应随时可能发生的业务战略、经营策略和生产流程等方面的调整与变革，如此才能形成信息技术与业务的“合力”效应。最后，随着新兴技术的不断更迭，信息技术更新换代、持续升级的周期越来越短，企业应紧跟技术进步的脚步，顺应时代的发展潮流。

第三，企业信息技术深度融合形成“有机整体”，产生新思想、新方法、新模式。《现代汉语词典》中“融合”的定义是：“几种不同事物合成一体。”强调两个或更多独立事物通过化合作用形成新事物的过程。已有研究在界定企业信息技术深度融合时强调信息技术与业务在战略、基础架构等核心要素方面的一致性。本书认为，一致性的潜在假设是仍将信息技术与业务视为两个平行独立的个体。互联网时代信息技术与业务之间的关系发生了本质上的改变，企业信息技术深度融合并不是简单地将两者相加，而是利用信息技术以及互联网平台，让互联网与传统行业进行深度融合，创造新的发展生态。信息技术与业务必须彼此交融成为有机整体，才能够实现思想、方法和模式的创新。

第四，企业信息技术深度融合是多层次和全方位的。以往研究更多关注战略融合，忽视了战术融合以及战略和战术融合之间的关系。企业信息技术深度融合不是与企业的某个环节融合，而是打通企业的采购、设计、生产、销售、售后等所有环节，企业信息技术深度融合将生产环节与管理环节紧密地结合起来，实现管控一体化；企业信息技术深度融合不仅仅体现在战略层面，还体现在运营层面、基础层面；企业信息技术深度融合不应该在企业留有“死角”，应促使信息技术与业务在各个层面上实现深度结合。

综合以上论述，本书在已有研究的基础上，融入新兴技术快速发展所赋予企业信息技术深度融合新的特点，将企业信息技术深度融合定义为企业吸纳信息技术的高级阶段，企业在实施信息技术以后，为充分发挥信息技术的战略价值，实现创新突破和提升组织绩效，通过不断地适应性调整信息技术与业务战略、信息技术与组织基础架构和流程，最终产生新的思想、方法和模式，使二者在各个层面形成一个相互交融的有机整体的动态过程。

二、相关概念辨析

（一）信息技术吸纳与企业信息技术深度融合

信息技术吸纳是指企业采纳信息技术，并实施和融合的全过程。企业信息技术深度融合是指企业实施信息技术以后，通过不断地适应性调整信息技术与企业业务，进而产生新的思想、方法和模式，使二者形成一个相互交融的有机整体的动态过程。二者之间既有联系又有区别，有必要进行界定与分析。

为明确二者间的关系，本书将关于信息技术吸纳与企业信息技术深度融合关系的已有研究归纳至图 2.1。基于技术采纳的过程理论，库珀和兹木德提出的信息技术吸纳过程模型包括“启动→采纳→调试→接受→规范化→融合”六个阶段。罗杰斯（Rogers）将信息技术吸纳过程划分为“问题识别→适配→问题重构→明确化→惯例化”五个阶段[①]。余翠玲在此基础上，对模型进行了简化，提出“采纳→实施→融合”三个阶段模型。

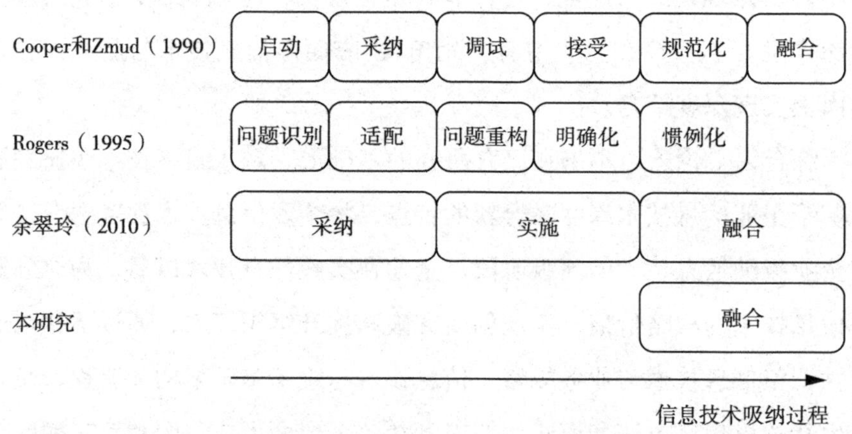

图 2.1　企业信息技术深度融合与信息技术吸纳的关系图

由图 2.1 可知，本书所涉及的对应的是余翠玲提出的第三阶段——融合。信息技术吸纳包含企业信息技术深度融合，二者间关系可以归纳为：信息技术吸纳是企业信息技术深度融合的基础，企业信息技术深度融合是信息技术吸纳的终极目标。企业信息技术深度融合是信息技术吸纳的最后一个阶段，融合的水平决定了信息技术吸纳的效果。企业采纳

① E. M. Rogers，*Diffusion of Innovations*（*4th Edition*），New York：the Free Press，1995.

信息技术并实施上线以后，才进入企业信息技术深度融合阶段，组织从价值观层面接受信息技术，并通过信息技术与业务的紧密结合改变原有的经营理念和状态，充分利用信息技术获取竞争优势。因此，本书基于文化视角研究低碳文化对企业信息技术深度融合水平影响内在过程，对于企业深化信息技术应用具有重要意义。

（二）信息技术应用与企业信息技术深度融合

企业信息技术应用水平指的是企业应用信息技术的成熟程度，与企业信息技术深度融合水平在含义上十分相近，却也存在明显差异。为明确企业信息技术深度融合的概念边界，本书对两组概念加以辨析。

为了更加清晰简洁地表达信息技术应用与企业信息技术深度融合之间的区别与联系，本书将两者关系通过图 2.2 加以阐述。

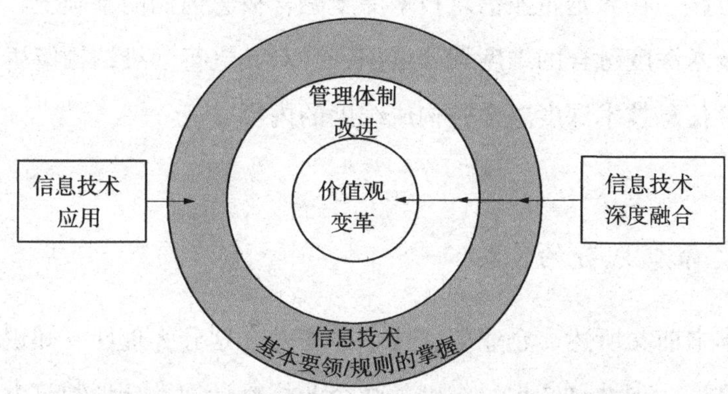

图 2.2　企业信息技术深度融合与信息技术应用的关系图

从二者间的联系角度来看，信息技术应用水平是企业信息技术深度融合水平的外在表现形式。肖静华等学者在其研究中指出，在企业信息化实践过程中，各类信息系统的应用正是企业信息技术深度融合的具体体现，企业信息技术应用的水平能充分体现两者融合的程度，因而可基于应用视角探讨企业信息技术深度融合的规律。从两者间的区别角度来看，信息技术应用关注的是企业对信息技术的基本要领、方法、规则掌握的熟练程度；企业信息技术深度融合除关注这些内容之外，还关注通过利用信息技术为企业带来的管理体制与经营方法的改进与完善，甚至价值观体系的变革与重塑等。从这个角度来看，可以认为信息技术应用是企业信息技术深度融合的初级阶段。

第二节 企业信息技术深度融合的概念维度划分

企业信息技术深度融合是信息技术与企业管理业务持续调整的复杂动态过程。为了更加深入地刻画这一动态过程，本书借鉴既有研究维度划分的思路，在界定企业信息技术深度融合概念内涵的基础上，提出企业信息技术深度融合的维度划分依据，并对其进行多维结构解析，详细阐述企业信息技术深度融合各构成维度的内容。

一、维度划分的依据

如本书前文所述，企业信息技术深度融合划分为理性（知识）维度和社会维度，理性（知识）维度关注企业战略计划及计划制订方法，社会维度关注融合过程中人的因素。赖希和本巴斯特指出，理性（知识）维度是信息技术使命、目标、计划与业务使命、目标、计划内部一致和外部有效的状态；社会维度是信息技术与业务部门对业务与信息技术使命、目标、计划的理解和承诺的状态。约兰德·陈将理性（知识）维度进一步扩展为战略维度和结构维度。战略维度描述的是信息技术与业务战略内部一致、外部有效的状态；结构维度描述的是信息技术与组织结构的匹配程度。赖希从战略维度、结构维度、社会维度和文化维度四个方面总结了已有研究中企业信息技术深度融合的维度划分，并对文化维度进行了阐述，提出文化维度侧重于研究价值观对组织行为的影响。

本书认为，先前研究对于企业信息技术深度融合维度划分不够严谨，有的维度划分观念偏狭窄，只反映了企业信息技术深度融合的部分侧面，造成了概念的片面与偏颇；而有的维度划分又过于宽泛，将本属于前因与后果的因素一并纳入企业信息技术深度融合的概念之下，不仅使融合概念本身“失真”，而且造成各维度之间存在“递归式因果关系”，从而形成逻辑分类上的混乱。张延林等学者指出，社会维度与理性（知识）维度存在因果关系，社会维度与文化维度存在相互作用关系。社会维度与文化维度描绘的并非企业信息技术深度融合本身，而是影响企业信息技术深度融合水平的因素。杰罗着眼于理性（知识）维度的企业信息技术深度融合，对其概念和维度进行了重新界定，同时指出，社会维度是企业信息技术深度融合的前因变量。本书以此为基础，立足于理性（知识）维度对企业信息技术深度融合进行维度划分。

立足于理性（知识）维度视角纵观已有研究，对企业信息技术深度融合的维度划分主要基于两种视角——构成视角和影响视角。构成视角主要关注信息技术与业务战略、信息技术与业务结构四者之间的相互适配与调整；影响视角则是希望通过评估影响企业信息技术深度融合的主要因素来解构概念。构成视角的研究对企业信息技术深度融合进行了清晰的结构划分，影响视角对企业信息技术深度融合的影响因素进行了归纳。但尚未有研究基于层次视角探讨企业信息技术深度融合的维度划分。基于不同的研究视角，企业的业务活动可以分成多个类别。在企业信息化情境下，企业的业务活动大致可以分为三个层次——基础层面、运营层面和战略层面，三个层面企业信息技术深度融合所涉及的主体和融合涵盖的内容都大不相同。因此，本书尝试基于层次视角研究信息技术与企业各个层面的业务活动融合的程度，将基础层面企业信息技术深度融合称为基础架构融合；将战略层面的融合称为战略融合。运营层面包含的内容十分广泛，既包括产品、定价、目标群体、渠道、销售与售后等，也包括资金链的管理与运作等。从企业信息化的角度来看，考察信息技术与这些管理活动的融合程度可以通过研究信息技术与流程的融合程度来实现。这是因为，运营层面的活动是围绕着企业生产流程和管理流程进行的，流程是运营层面的核心。并且，信息技术与业务流程的融合具有具体、易于评测等特点。基于此，本书将运营层面的融合称为流程融合。

二、企业信息技术深度融合的构成维度

（一）基础架构融合

企业信息技术深度融合的基础架构融合维度主要是指信息技术硬件设施、软件系统质量与企业业务需求之间的融合程度。

基础架构融合是基础层面的企业信息技术深度融合，是企业利用信息技术获得竞争优势的重要基础①。基础架构融合具体体现在以下方面：第一，信息技术硬件设施与软件系统的技术领先程度符合企业业务的需求。这里所指的技术领先程度，并非倡导企业采购时下最先进的信息技术，而应注重与企业当前业务和未来战略规划的适配性。第二，信息技术硬件设施与软件系统的安全性能够达到企业业务要求。互联网化、移动化和云化是近年来信息技术发展的主要趋势，这些变化趋势使得过去许多传统对内的业务逐渐转向通过开放平台对外的业务。伴随着业务和外部联系的增加，传统的物理边界明确的办公网、内网变得越来越模

① W. H. Delone，E. R. McLean，"Information Systems Success：The Quest for the Dependent Variable"，*Information Systems Research*，1992，3（1）：60-95.

糊，企业面临前所未有的信息技术安全风险与挑战，对于信息技术的安全性提出了更高的要求。第三，信息技术硬件设施与软件系统的可兼容性与企业业务需求的一致性。当前各类硬件设施，特别是软件系统层出不穷，未来还将继续爆炸式增长，软件之间的数据共享和系统资源分享对于企业规避重复投资及资源浪费具有重要意义。第四，信息技术硬件设施与软件系统的新功能或新模块的可扩展程度与企业业务需求的一致性。可扩展性是指软件扩展新功能的容易程度。企业是时刻处于动态变化之中的，业务的不断变化要求软件系统功能不断适应性调整，并且会新增需求，实现这些变化不可能全部推倒重新设计，软件系统的可扩展性越好，代表软件的柔性越强，适应变化的能力越强，这样企业付出的代价也会越小。第五，信息技术硬件设施与软件系统在企业内部的覆盖程度。企业信息化是一个逐步发展的过程，信息技术的实施应用不是一步到位的，而是循序渐进建立起来的。这些分散引进或开发的应用系统之间应充分考虑数据共享的问题，避免"信息孤岛"给企业造成的损失。这一指标依托于可兼容性和可扩展性的共同作用。当现有各系统之间出现新的信息共享需求时，信息技术硬件设施与软件系统应支持通过配置建立相互间的信息传递。

伴随着新兴信息技术在企业的广泛应用，企业业务形态发生了根本性变革，企业迫切需要合理的信息技术基础架构的整体规划。联想提出"双态信息技术"方法论：通过企业业务的"稳""敏"分析，建立一套稳态与敏态和谐共存的新兴信息技术基础架构，帮助企业提升信息技术价值，降低运营风险，顺利实现企业的信息技术转型。稳态的信息技术特征是 SOR（Systems of Record，记录体系），信息技术服务于目标明确、流程成熟的传统业务，重点聚焦于实现业务的信息化；敏态的信息技术特征是 SOI（Systems of Innovation，创新体系），利用信息技术实现业务变革，业务与信息技术本身均处于不断探索和优化的过程，重点聚焦于信息技术引领业务创新。通过“双态”信息技术基础架构，实现业务多样化发展与信息技术之间的协调一致。

（二）**流程融合**

企业信息技术深度融合的流程融合维度主要是指信息技术与企业生产流程、管理流程之间融合的程度。

流程融合是运营层面的企业信息技术深度融合，是企业信息技术投资的基本目标，也是利用信息技术提高绩效的重要手段。20 世纪 90 年代初期，美国麻省理工学院的哈默（Hammer）教授提出，具备优秀的流程将使企业在其竞争者中脱颖而出①。价值创造是企业生存的核心，价值创造依靠的是流程。可以说，流程是企业生存和发展的关键。流程融合具体体现在以下方面：第一，利用信息技术优化了原有的生产与管理流程，减轻了员工的工作负担。第二，利用信息技术优化了原有的生产与管理流程，有效降低了成本。第三，利用信息技术优化了原有的生产与管理流程，提高了产品 / 服务质量。第四，业务过程中产生的动态数据能够在信息技术中准确记录共享。对于企业来说，流程融合的理想结果是生成一个数据库管理系统，在企业日常运营过程中，大量动态数据积累在信息技术支持的数据库中，这些数据将帮助企业持续改进流程，通过对数据的合并与分解，为企业管理决策提供可参考的依据。

企业的业务流程与信息技术流程的融合过程，本质上是两者间通过不断地磨合与调整，最终达到信息技术流程能够有效支持优化后的业务流程的过程。在这一过程中，两者的同时调整将有助于提高信息技术的应用效果，如果仅仅一方为配合另一方而单方面做出改变，就容易使企业陷入“类手工作业”或“被动适应信息技术”的困境中，如图 2.3 所

① M. Hammer & J. Champ，*Reengineering the Corporation*，New York：Harper Collins，1993.

示。具体而言，在企业实施信息化的过程中，一方面，企业要重新思考原有业务流程，对无效的节点、低效率的流程进行彻底的整改，汲取信息技术蕴含的先进思想对企业全流程进行优化，让信息技术成为企业流程改造的先行者；另一方面，在吸纳信息技术时应充分考虑本企业的特点，依据本企业的战略规划对信息技术进行个性化调整，利用信息技术打破部门间的壁垒，建立跨业务、跨系统的全新流程通道。

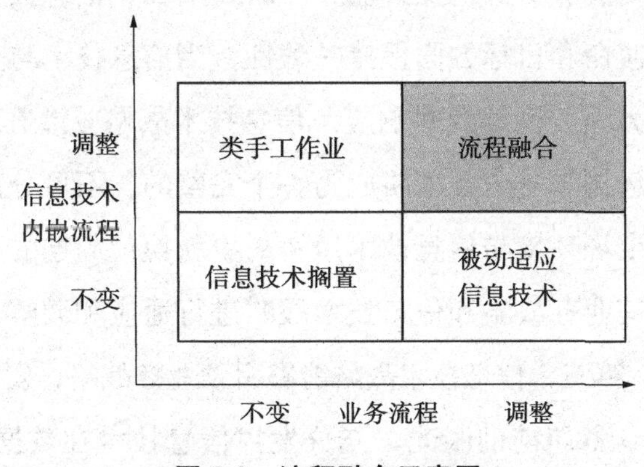

图 2.3　流程融合示意图

经济全球化大背景下，伴随着网络化及新兴信息技术的发展，企业商业模式的创新越来越与信息技术紧密结合，信息技术越来越成为企业业务流程管理的主导力量，信息技术部门地位正在不断提高，部门职能从辅助逐渐发展为业务支撑，并向业务变更的主导部门方向迈进。以 ZARA 为例，从样品到上柜销售周期只需十五天，这种实力的飞跃正是依托于整个业务流程与信息技术深度融合实现的。实现信息技术流程与业务流程的融合，不仅能够减轻员工工作量，使员工从重复、繁重的手工劳动中解脱，还能有效降低成本，提高产品与服务质量。

（三）战略融合

企业信息技术深度融合的战略融合维度主要是指信息技术愿景、使命、目标与业务愿景、使命、目标之间融合的程度。

战略融合是战略层面的企业信息技术深度融合，是企业信息技术应用的终极目标，是有效地利用信息技术来创造战略性业务价值的关键。具体而言，战略融合应体现在以下方面：第一，CIO是企业经营管理层的重要成员。CIO的主要任务在于充分利用信息技术改进高层管理的战略决策活动，强化企业的竞争优势。CIO拥有较高职位，则能够更多地参与到业务战略的制定中，从而更加深入地理解和掌握业务战略，制定的信息技术规划能够更好地支持业务战略。第二，信息技术战略与业务战略在愿景、使命和目标方面保持一致性，当信息技术与业务战略一方发生变化时，另一方能够及时响应。信息技术战略应渗透到业务过程的方方面面，信息技术与业务战略成为一个完整的，不可分割的整体。面对复杂多变的市场环境与信息技术短暂的更新换代周期的双重压力，企业必须经常对其业务战略和信息技术战略进行适应和调整，以保证二者间的一致性①。第三，信息技术战略能够引领业务战略，发现新的价值增长点。企业应具备超前的眼光，充分发挥信息技术在数据收集、分析、决策支持等方面的潜力，建立领先于竞争对手的经营战略，在竞争中获取领先优势。以往成果大都在研究与既定业务战略相匹配的信息技术战略，更多关注的是信息技术战略对于业务战略的支持程度，忽视了信息技术战略对业务战略的推动作用。伴随着研究的不断深入以及信息技术在当今时代扮演越来越重要的角色，信息技术战略对业务战略的推动作用逐渐引起学者们的关注，研究呼吁从信息技术与业务战略间的匹配向融合转变，关注两者间的双向作用关系②。信息技术战略与业务战略间关系演变过程见图2.4。

① 田野、常红：《信息系统适配研究：述评与展望》，《科技管理研究》2014年第5期。

② H. Tanriverdi，A. Rai，N. Venkatraman，“Research commentary—reframing the dominant quests of information systems strategy research for complex adaptive business systems”，*Information Systems Research*，2010，21（4）：822-834.

由图 2.4 可以看出，信息技术正成为推动业务转型、管理变革和战略落实的重要力量。信息时代信息技术已经成为业务的重要组成部分，许多业务都依靠信息技术来实现，两者已经密不可分。通过信息技术应用推动业务变革，业务变革进一步促进企业深化信息技术应用，两者间的这种相互作用推进了信息技术与业务战略融合水平的不断提高。

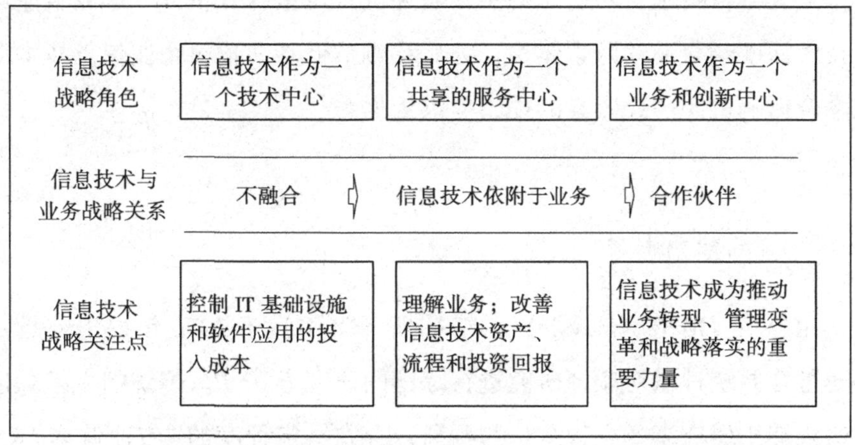

图 2.4　信息技术战略与业务战略的关系演变图

第三节　基于元分析技术的企业信息技术深度融合驱动因素分析

本书的研究重点是探索低碳文化影响企业信息技术深度融合的关键路径。要打开低碳文化对企业信息技术深度融合影响机制的“黑箱”，就要识别出低碳文化对企业信息技术深度融合路径的中介因素。本书旨在通过对企业信息技术深度融合驱动因素和低碳文化在企业中发挥作用的一般路径的双重推导，识别出企业低碳文化影响企业信息技术深度融合的传导路径。因此，本节将对企业信息技术深度融合的驱动因素展开研究。近年来，如何实现信息技术与业务的深度融合一直是信息系统领域研究的热点话题，学者基于不同视角对如何提升企业信息技术深度融合水平提出见解，涌现了大量关于企业信息技术深度融合驱动因素的研究。通过对已有研究的综述构建企业信息技术深度融合的驱动因素框架，将使研究结果在全面性、权威性方面具有较大优势。基于此，本节将借助元分析技术，对已有的实证研究进行定量综合估计，形成企业信息技术深度融合驱动因素体系，为后续章节低碳文化对企业信息技术深度融合影响机制中介因素的提出提供依据。

一、元分析技术

元分析（Meta Analysis）由格拉斯（Glass）于 1976 年提出，是一种通过合并统计量对实证研究进行综述的研究方法[①]。传统的文献综述方法依赖于研究者的主观分析与判断，存在一定程度的“叙述偏见（Reviewer Bias）”问题[②]。并且，定性的文献综述方法无法回答两变量间相关关系效应值的大小问题，特别是当不同研究中出现相左结论时，叙述性的文献综述无法给出精确、无偏、可信的有效结论[③]。与传统文献综述只关注已有研究结论不同，元分析技术还关注样本量、效应值以及变量的量化等问题，结合样本量来分析对应的效应值，通过对独立研究的整合，修正产生不一致结论的统计偏误，从而对变量间相关关系的方向

① G. V. Glass，“Primary，Secondary，and Meta-Analysis of Research”，*Educational Researcher*，1976，5 (10)：3-8.

② 魏江、赵立龙、冯军政：《管理学领域中元分析研究现状评述及实施过程》，《浙江大学学报（人文社会科学版）》2012 年第 5 期。

③ M. Borenstein，L. V. Hedges，P. T. Julian，et al.，*Introduction to Meta-Analysis*，John Wiley & Sons，Ltd，1999.

和强度作出更加准确的估计，得出比单个研究更高价值的研究结论[①]。作为一种定量的实证研究方法，元分析技术不仅能够实现从个别结论到一般结论的科学归纳，还能够探查情境因素对于研究变量之间关系的调节作用，解释结论间存在不一致的原因[②]。可以说，元分析技术不仅是一种整合已有研究的工具，还是一种验证研究假设的重要方法，近年来得到管理学领域的广泛应用。

但是，元分析技术也存在一定的局限性，它是一种间接的实证方法，数据来源于已有的实证研究结果，因此，受前人对该问题认识局限的影响较大。这就要求在使用元分析技术进行文献综述时，应保证对该问题的研究较为成熟且文献数量众多。

企业信息技术深度融合驱动因素的相关研究，已经成为信息系统领域研究的热点话题，涌现出大量的实证研究，并且研究结果呈现出以下特点：第一，各驱动因素与企业信息技术深度融合之间的关系在不同的实证文章中被支持的程度存在差异，一些研究中高度相关的因素在另一些研究中却并没有得到支持。显著程度不一致的研究结论可能源于研究样本量的差异，或者研究背景的不同[③]。第二，既有研究都只对单独的几个变量进行研究，对影响企业信息技术深度融合水平的因素缺乏一个整体的框架。第三，既有研究在驱动因素的命名方面不甚规范，不同研究间"同样的内涵使用不同的构念""同一构念却表达不同的内涵"现象严重。因此，本节将采用元分析技术，对企业信息技术深度融合驱动

① J. E Hunter，F. L. Schmidt，"Method of Meta-Analysis：Correcting Error and Bias in Research Findings"，*Evaluation & Program Planning*，2006，29 (3)：236-237.

② 姚山季、王永贵、贾鹤：《产品创新与企业绩效关系之 Meta 分析》，《科研管理》2009 年第 4 期。

③ 陈晓春：《用户对企业信息系统使用的动因研究：高层战略领导的影响机制》，河北工业大学博士学位论文，2012 年。

因素进行分析、整理和归纳，并利用已有的实证研究结果进行更加综合和准确的估计，建立企业信息技术深度融合驱动因素框架，为本书第四章低碳文化对企业信息技术深度融合影响机制中介变量的提出提供研究依据。

二、驱动因素研究框架及假设

本书以“IT-Business Alignment”的中英文形式为关键词，查阅已发表的相关中英文文献。按照基拉（Kira）等学者在2005年提出的研究惯例，只有当报告两变量间效应值个数达到3个及以上时才能纳入元分析①。因此，以上的企业信息技术深度融合影响因素，按照频率由高到低依次是：信息技术与业务部门在制订计划过程中的联系、信息技术与业务部门之间的沟通、信息技术治理、环境不确定性、合理配置信息技术项目优先权、高层管理者的支持、企业成功的信息技术经历、CIO汇报结构、知识共享、组织规模、业务计划的成熟度以及CIO地位。本书第一章在对复杂适应系统进行综述时提到，复杂适应系统理论的核心要素包括主体、交互和环境三个部分。本书将实施信息技术以后的企业看作一个复杂适应系统，适应性主体则包括企业高层管理者、信息技术经理、业务经理以及组织中其他所有成员。交互行为是信息技术经理与业务经理以及组织中的其他所有成员在高层管理者制定的行为规则约束和指导下，进行持续的合作与交流行为。主体所处的环境既包括组织内部环境，也包括组织外部环境。因此，各驱动因素共同促进企业信息技术深度融合水平不断提升的过程，可以用复杂适应系统理论的动态演

① A. H. Kira，S. Jayachandran，W. O. Bearden，“Market orientation：a meta-analytic review and assessment of its antecedents and impact on performance”，*Journal of Marketing*，2005，69：24-41.

化过程进行理论解释。为了更加系统地阐述企业信息技术深度融合与其驱动因素之间的关系，本书依据企业信息技术深度融合驱动因素的具体含义，从复杂适应系统理论核心要素的角度为企业信息技术深度融合的驱动因素进行维度上的分类：

第一，信息技术与业务部门在制订计划过程中的联系、信息技术与业务部门之间的沟通和知识共享均属于信息技术与业务经理以及普通员工之间交互行为；高层管理者的支持体现了企业高层管理者对于信息技术的积极态度，属于高层经理与信息技术、业务经理之间的交互；CIO 地位体现了 CIO 主体在企业中的影响力，属于主体的属性。由于以上因素均以主体为核心，因此本书将上述因素归纳为一类，统称人的因素。

第二，合理配置信息技术项目优先权、信息技术治理以及 CIO 汇报结构三个因素体现了企业在信息技术方面的制度设计偏好，对企业内各主体之间以及主体与环境之间的交互行为制定了具体规则，指导和约束主体的交互行为。因此，本书将上述因素归纳为一类，统称信息技术统筹因素。

第三，企业成功的信息技术经历、组织规模和业务计划的成熟度体现了企业的基本状况，是主体所处内部环境的结构特点。因此，本书将上述因素归纳为一类，统称组织因素。

第四，环境不确定性体现了企业外部环境的基本状况，是主体所处外部环境的结构特点。本书将其称为环境因素。

综上所述，本书将其企业信息技术深度融合的驱动因素归纳为人的因素、信息技术统筹因素、组织因素和环境因素四大类，以此建立企业信息技术深度融合驱动因素的研究框架。如图 2.5 所示。

（一）人的因素变量关系研究假设

信息技术与业务部门在制订计划过程的联系、信息技术与业务部门

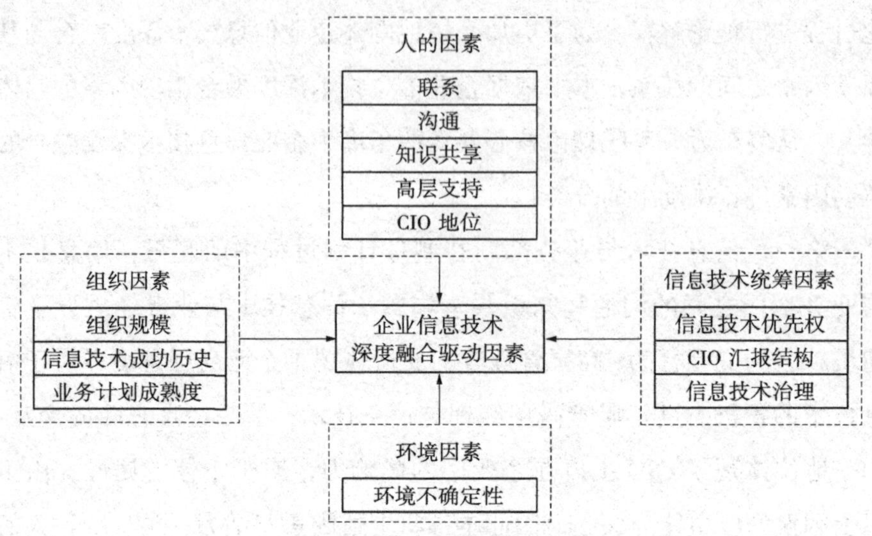

图 2.5 企业信息技术深度融合驱动因素研究框架

之间的沟通、知识共享、高层支持和 CIO 地位关注的是与人相关的因素对于企业信息技术深度融合的影响，得到大量实证研究的支持。其中，前三者是对信息技术与业务部门间关系及日常工作状态的描述。在制订计划过程中，信息技术部门与业务部门密切配合、紧密联系，对存在的问题及时进行沟通，共享知识，这将有助于减少业务部门对信息技术认知的隔阂，促使信息技术与业务人员在认知态度上达成一致，确保信息技术与业务规划指向同一方向①。1999 年卢夫曼提出，高层管理者的支持是企业信息技术深度融合的必要条件。实现企业信息技术深度融合，组织除了要付出采纳和实施成本以外，还需要支付一定的学习成本。齐晓云在其论文中提出，高层支持不仅促进组织将资源投入到与信息技术相关环节，还将有助于扫除员工心理障碍，督促员工转变对信息技术的态度，加速员工接受。普雷斯顿（Preston）等学者提出，当 CIO

① D. Q. Chen，M. Mocker，D. S. Preston，et al.，“Information Systems Strategy：Reconceptualization，Measurement，and Implications”，*MIS Quarterly*，2010，34（2）：233-259.

有较高职位时，则意味着CIO有更多的计划参与业务战略计划的制订，也更加能够向高层管理团队提出关于信息技术如何发挥战略作用的建议①。基于此，本书提出企业信息技术深度融合过程中人的因素的如下研究假设：

H1（a）：信息技术与业务部门在制订计划过程中的联系对企业信息技术深度融合具有正向的影响作用。

H1（b）：信息技术与业务部门之间的沟通对企业信息技术深度融合具有正向的影响作用。

H1（c）：知识共享对企业信息技术深度融合具有正向的影响作用。

H1（d）：高层支持对企业信息技术深度融合具有正向的影响作用。

H1（e）：CIO地位对企业信息技术深度融合具有正向的影响作用。

（二）信息技术统筹因素变量关系研究假设

学者们重视考察合理配置信息技术项目优先权、CIO汇报结构和信息技术治理等信息技术统筹因素是如何影响企业信息技术深度融合水平的。卢夫曼和布赖尔（Brier）两位学者指出，合理配置信息技术项目优先权能够确保企业将有限的资源投入到与企业战略对应最紧密的环节，这将促进信息技术的快速投入使用。卢夫曼和肯帕雅测评了197家企业的企业信息技术深度融合水平后提出，在CIO直接向CEO（Chief Executive Officer，首席执行官）汇报的组织中，企业信息技术深度融合水平显著高于CIO向业务经理或其他高层管理者汇报的组织②。信息技

① D. S. Preston，D. Chen，D. E. Leidner，"Examining the Antecedents and Consequences of CIO Strategic Decision-Making Authority：An Empirical Study"，*Decision Sciences*，2008，39（4）：605-642；R. D. Banker，N. Hu，P. A. Pavlou，et al.，"CIO reporting Structure，strategic positioning，and firm performance"，*MIS Quarterly*，2011，35（2）：487-504.

② J. Luftman，R. Kempaiah，"An Update On Business-IT Alignment：'A Line' Has Been Drawn"，*MIS Quarterly Executive*，2007，6（3）：165-177.

术治理是为鼓励期望行为而部署的一系列有关信息技术决策权归属和责任担当的框架，目标是实现信息技术价值的同时规避其潜在的风险。格伦伯根（Grembergen）和汉斯（Haes）的研究结果表明，信息技术治理通过企业信息技术深度融合影响企业的价值创造过程[①]。鞠平等学者研究也得出类似结论：信息技术治理通过企业信息技术深度融合间接影响企业绩效。[②]基于此，本书提出信息技术统筹因素对企业信息技术深度融合影响的如下研究假设：

H2（a）：合理配置信息技术项目优先权对企业信息技术深度融合具有正向的影响作用。

H2（b）：CIO 汇报结构对企业信息技术深度融合具有正向的影响作用，CIO 汇报对象的职位越高，企业信息技术深度融合水平越高。

H2（c）：信息技术治理对企业信息技术深度融合具有正向的影响作用。

（三）组织因素变量关系研究假设

组织规模、企业成功的信息技术经历和业务计划成熟度属于组织因素对于企业信息技术深度融合的影响。克拉格（Cragg）等学者提出，相比中小企业，组织规模较大的企业会有更加正式和规范的决策制定和实施流程，当业务与信息技术融合涉及结构、流程、习惯等方面的变革时，大企业具有更加充分的政策和制度作为指导，而中小企业在变革过程中则更容易引起混乱[③]。另外，约兰德 · 陈等学者的研究结果表明，

---

① W. V. Grembergen，S. D. Haes，"A Research Journey into Enterprise Governance of IT，Business/IT Alignment and Value Creation"，*Business Strategy and Applications in Enterprise IT Governance*，2010，1（1）：1-13.

② Wu S. P.，Straub D. W.，Liang T. P. How information technology governance mechanisms and strategic alignment influence organizational performance：Insights from a matched survey of business and IT managers［J］. *MIS Quarterly*，2015，39（2）：497-518.

③ P. Cragg，H. Hussin，M. C. King，"IT Alignment in Small Firms"，*European Journal of Information Systems*，2002，11：108-127.

大企业在应对环境变化、新项目投资时，较中小企业拥有资源优势。但也有学者提出不同的见解，例如，2011年，王念新等学者通过对我国一家中小企业和一家大型国有企业调查后对比发现，前者的融合水平达到3级，而后者仅为2级[①]。企业信息技术深度融合是新技术嵌入企业的过程，也是企业不断学习提升的过程，企业成功的信息技术经历将为信息技术与业务的融合提供很好的范例。赖希和本巴斯特两位学者于2000年发表的研究成果表明，企业成功的信息技术经历对企业信息技术深度融合具有显著的正向影响。另外，业务战略是企业未来发展的风向标，切实、丰富、具有执行力的业务战略更容易被信息技术部门理解，也更加能够获得信息技术战略的有效支持。坎贝尔（Campbell）等学者提出，当企业业务战略不明确时，将限制信息技术与业务的融合水平[②]。基于此，本书提出组织因素对企业信息技术深度融合影响的如下研究假设：

H3（a）：组织规模对企业信息技术深度融合具有正向的影响作用，组织规模越大，企业信息技术深度融合水平越高。

H3（b）：企业成功的信息技术经历对企业信息技术深度融合具有正向的影响作用。

H3（c）：业务计划成熟度对企业信息技术深度融合具有正向的影响作用。

（四）环境因素变量关系研究假设

作为外部环境因素，环境不确定性主要体现在动态性、复杂性和

① N. C. Wang，Y. J. Xue，S. Ge，"The Road to Business-IT Alignment：A Case Study of Two Chinese Companies"，*Communication of the Association for Information System*，2011，28（26）：415-436.

② B. Campbell，R. Kay，D. Avison，"Strategic Alignment：A Practitioner's Perspective"，*Journal of Enterprise Information Management*，2005，18（6）：653-664.

敌对性三个方面①。动态性反映的是环境变化的速度和幅度；复杂性反映的是影响组织活动的因素多寡、差异性及关联度；敌对性是资源的稀缺程度，以及对这些资源竞争的激烈程度②。基于技术采纳的行为理论，外部环境特征能够促进组织成员对于信息技术有用性的感知。高度不确定的环境下，信息技术在帮助企业应对环境变化方面的优势得以彰显，企业更加能够意识到企业信息技术深度融合的战略价值，在此情况下，企业更容易接纳和利用信息技术，从而获得较高企业信息技术深度融合水平。反之，当所处环境可预测性较强时，企业不愿为学习如何深层次应用信息技术而付出额外努力。纽柯克（Newkirk）和莱德尔（Lederer）两位学者 2006 年的研究表明，在高度不确定性环境下，企业 SISP（Strategy Information System Plan，战略信息系统规划）更容易取得成功③。但也有研究得出不同结论，夏恩肃（Charoensuk）等学者在 2014 年发表的研究成果中提出，环境不确定性将阻碍信息技术与业务的深度融合④。亚伊拉（Yayla）和胡庆（Qing-Hu）两位学者的研究结果表明，环境不确定性与企业信息技术深度融合两者间关系不显著的研究结论⑤。基于此，本书提出环境因素对企业信息技术深度融合影响的如下研究假设：

① 李大元：《企业环境不确定性研究及其新进展》，《管理评论》2022 年第 11 期。

② J. G. Covin，D. Slevin，“Strategic Management of Small Firms in Hostile and Benign Environments”，*Strategic Management Journal*，1989，(10)：75-87.

③ H. Newkirk，A. Lederer，“The Effectiveness of Strategic Information Systems Planning Under Environmental Uncertainty”，*Information & Management*，2006，43：481-501.

④ S. Charoensuk，W. Wongsawat，D. B Khang，“Business-IT Alignment：A Practical Research Approach”，*Journal of High Technology Management Research*，2014，(25)：132-147.

⑤ A. A. Yayla，Q. Hu，Antecedents and drivers of IT-business strategic alignment：empirical validation of a theoretical model [C]. 17th European Conference on Information Systems，Verona，Italy. 2009.

H4：环境不确定性对企业信息技术深度融合具有正向的影响作用。

三、研究设计

（一）文献检索与筛选

元分析的第一步是获得定量实证研究文献。为获得尽量全面的文献，本书按照以下步骤进行文献检索与筛选：第一，分别以“IT-Business Alignment”“Strategic Alignment”“IT/IS” 与“Fusion/Linking/Linkage/Integration/Fit”和“信息技术—业务匹配/融合”“信息技术融合”“信息技术集成”为关键词，在ProQuest、EBSCO、Elsevier Science、Emerald、IEEE、Web of Science等英文数据库以及知网、维普中文数据库进行检索，检索结果包括实证论文、综述性文章、会议论文以及学位论文。第二，为避免漏检重要文献而对元分析结论的真实性和可靠性造成影响，本书对“*MIS Quarterly*”“*Information Systems Research*”“*Communications of the ACM*”等15本国际公认的信息系统领域顶级期刊进行了人工检索。第三，对照已发表的综述文章所附的参考文献，查漏补缺。第四，通过互联网检索还未发表的关于企业信息技术深度融合的文章，以尽量减少发表偏倚（Publication Bias）。共检索到关于企业信息技术深度融合的文献400余篇。

通过对题目、摘要的阅读，过滤掉与本书主题不相关的文章后，按照如下标准筛选出符合元分析要求的文章：第一，至少包含企业信息技术深度融合的一个维度①；第二，至少涉及企业信息技术深度融合的一个影响因素；第三，必须是实证文章，并且给出了样本量、变量信度，

① 本书基于理性/知识视角研究企业信息技术深度融合，因此在进行文献筛选时，那些只涉及社会维度或文化维度的研究都不作为元分析的分析对象。

以及企业信息技术深度融合与影响因素之间的R族效应值等信息[①]；第四，基于组织层面的研究；第五，使用独立的数据集[②]。筛选后共得到可用文献30篇，其中英文文献25篇，中文文献5篇，共包含80个效应值，总样本量达到7231个。

（二）文献编码

筛选后的文献需要进行编码，对于每一篇文献，需要编码的信息包括：①作者；②发表时间；③发表刊物；④样本量；⑤变量测量的信度；⑥变量间影响的效应值类型及大小；⑦实证研究的背景资料。为减少编码错误，先由两位管理信息系统专业的博士生对所纳入文献分别编码，然后由另一名博士生进行核对，发现不同之处时三人集体讨论以达成共识，以消除主观因素的影响，提升编码的内部一致性和信度。

需要特别说明的是，元分析效应值和研究背景资料的编码原则。本书选择对R族效应值进行综合分析，主要包含三类统计量：①两变量之间的相关系数。参考亨特（Hunter）和施密特（Schmidt）在2004年提出的处理方式：使用两变量相关系数与两变量的信度方根乘积的比值进行信度修正，得到增广相关系数。若研究中没有给出信度系数或使用单个题项进行变量测量时，则参考范秀成等2009年提出的处理方式，使用该变量的总体平均信度代替[③]。②结构方程的路径系数。由于路径系数的估计是由多个显变量来测量潜变量，在这一过程中已经考虑了测量误差的问题，因而路径系数可以直接视为增广相关系数。③回归系

---

① 元分析技术可以利用的有两类效应值：一类是表示变量之间差距大小的D族效应值，另一类是表示变量之间相关关系的R族效应值。由于关于企业信息技术深度融合与各影响因素之间关系的研究大多数都是研究变量之间的关系强度，因此本书选择的是对R族效应值的元分析。

② 为确保研究取样的唯一性，纳入元分析的文献必须基于不同的样本。对于同一样本发表的不同文章，本书进行了合并，将其归纳为同一研究。

③ 范秀成、郑秋莹、姚唐等：《顾客满意带来什么忠诚》，《管理世界》2009年第2期。

数。部分研究只报告了变量间的回归系数，无法纳入元分析中，但如果舍去，又会增加抽样误差。本书借鉴皮戈特（Pigott）在1994年提出的处理方法：如果该研究认为回归系数代表了两个变量之间有显著相关关系，则按照达到p=0.05显著水平的最小相关系数对其直接赋值[①]。

本书编码的背景资料是从纳入元分析的文献中直接提取的，背景资料的编码主要用于情境因素调节作用的分析。包括行业、样本来源地和企业信息技术深度融合的测量方式。其中，根据研究需要，行业分别编码为制造业与服务业。样本来源地方面，考虑到文化因素在企业信息技术深度融合过程中的作用，本书将样本来源地分别编码为东方国家和西方国家。关于企业信息技术深度融合的测量方式，当前实证研究中主要包含两类：一类是分别测量信息技术与业务要素，然后利用文卡特拉曼（Venkatraman）在1989年提出的六种匹配方法计算企业信息技术深度融合水平，本书将这类测量方式命名为“模型”测量方式；另一类是使用李克特量表直接获取被试者对于所在企业信息技术深度融合水平的主观感知，本书将这类测量方式命名为“问卷”测量方式。

（三）变量间相关系数的评价及同质性检验

元分析技术主要通过以下步骤完成对经过信度调整的增广相关系数的合并[②]：

（1）将每个增广相关系数通过公式2.1转换为*Fisher'Z*值；

（2）根据公式2.2计算出积差相关系数；

（3）由公式2.3将积差相关系数转回修正的相关系数均值；

（4）检验多项研究之间是否存在异质性。常用的异质性检验方法包

① T. D. Pigott，*Methods for Handling Missing Data in Research Synthesis*，New York：Russell Sage Foundation，1994.

② 赖弘毅、晁钢令：《渠道权力的使用效果研究——基于元分析技术》，《南开管理评论》2014年第1期。

括：卡方检验（Q 检验）、75% 规则和置信区间检验（CRI）。本书采用卡方检验，Q 统计量服从自由度为 k-1 的卡方分布，如果 Q 值显著，意味着这些效应值是一个异质性分布，可能存在调节变量调节两变量之间的关系。

$$Z_i = 0.5\ln\left(\frac{1+r_i}{1-r_i}\right) \qquad \text{（公式 2.1）}$$

$$\bar{Z}_r = \frac{\sum_{i=1}^{g}(n_i-3)Z_i}{\sum_{i=1}^{g}n_i} \qquad \text{（公式 2.2）}$$

$$\bar{r} = \frac{e^{2\bar{z}_r}-1}{e^{2\bar{z}_r}+1} \qquad \text{（公式 2.3）}$$

其中：Z_i 表示第 i 个研究的 *Fisher'Z* 值；r_i 表示第 i 个研究的增广相关系数；$\bar{Z}_r$ 表示积差相关系数；n_i 表示第 i 个研究的样本量；g 表示某个效应值的独立样本的个数；$\bar{r}$ 表示修正的相关系数均值。

四、文献数据分析与假设检验

借助 Comprehensive Meta Analysis V2 分析软件，本书对编码后的文献进行综合分析，表 2.1 汇总了元分析结果。

表 2.1 报告了企业信息技术深度融合各驱动因素的效应值数、样本量、修正的相关系数均值、95% 置信区间、显著性 Z 值检验、异质性 Q 值检验结果和失效安全数。其中，95% 置信区间和显著性 Z 值检验用于验证每个驱动因素与企业信息技术深度融合之间相关关系的显著性。总体来看，除环境因素外，人的因素、信息技术统筹因素和组织因素所包含的驱动因素与企业信息技术深度融合相关关系 Z 值均显著（$p<0.01$），

并且 95% 置信区间不包含 0，说明企业信息技术深度融合与各驱动因素显著相关。也就是说，除 H4 未通过验证，其余假设均得到支持。

表 2.1　企业信息技术深度融合驱动因素元分析结果

分类	驱动因素	效应值数	样本量	修正的相关系数均值	95% 置信区间		Z 值检验	Q 统计量	失效安全数
					下限	上限			
人的因素	沟通	12	2026	0.353	0.240	0.456	5.860***	113.985***	31
	联系	13	2177	0.330	0.219	0.433	5.580***	58.196***	30
	知识共享	4	793	0.310	0.028	0.546	2.151**	48.397***	9
	高管支持	6	888	0.247	0.183	0.308	7.428***	6.888	9
	CIO 地位	3	1950	0.578	0.344	0.745	4.291***	61.349***	14
信息技术统筹因素	信息技术优先权	7	1372	0.233	0.182	0.283	8.741***	7.511	9
	CIO 汇报结构	5	857	0.166	0.067	0.262	3.271***	8.279*	3
	信息技术治理	10	1910	0.387	0.273	0.489	6.278***	62.029***	29
组织因素	组织规模	4	989	0.139	0.077	0.200	4.385***	5.797	2
	信息技术成功经历	5	759	0.166	0.031	0.295	2.397**	17.945***	3
	业务计划成熟度	4	847	0.297	0.145	0.436	3.753***	16.156***	8
环境因素	环境不确定性	7	1387	0.115	-0.018	0.243	1.699	35.691***	1

注：*** 表示 p<0.001，** 表示 p<0.01，* 表示 p<0.05。

具体而言，第一，与人相关的因素中，按照与企业信息技术深度融合相关关系由大到小依次是：CIO 地位（r=0.578，p<0.001）、信息技术与业务部门之间的沟通（r=0.353，p<0.001）、信息技术与业务部门在制订计划过程中的联系（r=0.330，p<0.001）、知识共享（r=0.310，p<0.01）、高层管理者的支持（r=0.247，p<0.001）。以上相关关系的成立验证了胡安安等提出的观点：企业信息技术深度融合是一个技术与人

员密切联系和互动的“社会—技术”过程。强调了在这一互动过程中人的重要性，尤其是CIO，作为业务部门与信息技术部门的桥梁，其在组织中的地位对于信息技术深层次使用具有重要影响。第二，信息技术统筹因素中，按照与企业信息技术深度融合相关关系，由大到小依次是：信息技术治理（r=0.387，p<0.001）、合理配置信息技术项目优先权（r=0.233，p<0.001）、CIO汇报结构（r=0.166，p<0.001）。三个因素均属于企业在进行信息技术整体架构构建时的顶层设计因素，目的是实现信息技术价值的同时规避信息技术风险，帮助信息技术实现战略价值。第三，组织因素中，按照与企业信息技术深度融合相关关系由大到小依次是：业务计划的成熟度（r=0.297，p<0.001）、企业成功的信息技术经历（r=0.166，p<0.01）、组织规模（r=0.139，p<0.001）。第四，环境不确定性对企业信息技术深度融合影响的正负项未定，笔者从夏恩肃等学者的论述中找到一种可能的原因：在外部环境存在高度不确定的情况下，企业的主要精力集中于应付快速变化的客户需求与转瞬即逝的市场机会，对于深化信息技术应用投入的资源明显不足，从而影响企业信息技术深度融合水平。

为了更加清晰地表述企业信息技术深度融合与驱动因素之间的相关关系，本书以图示的形式分别加以阐述。如图2.6（a）—2.6（d）所示。

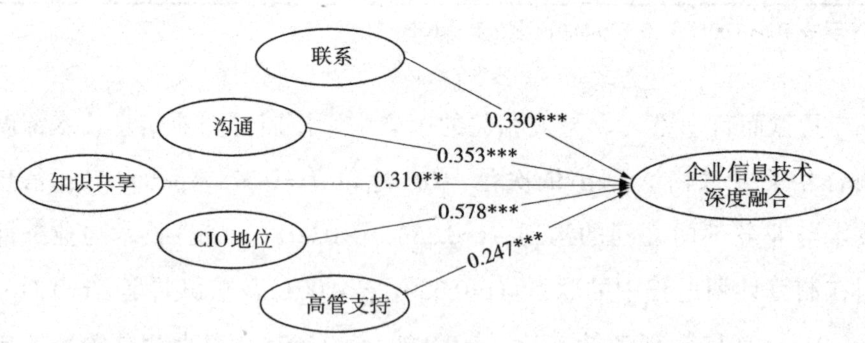

图2.6（a） 人的因素对企业信息技术深度融合的影响

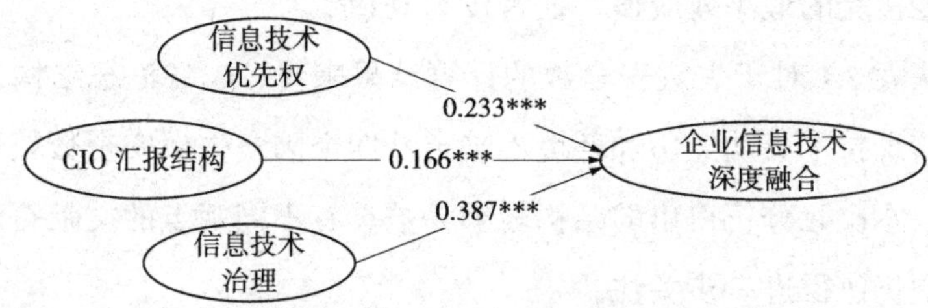

图 2.6（b）　信息技术统筹因素对企业信息技术深度融合的影响

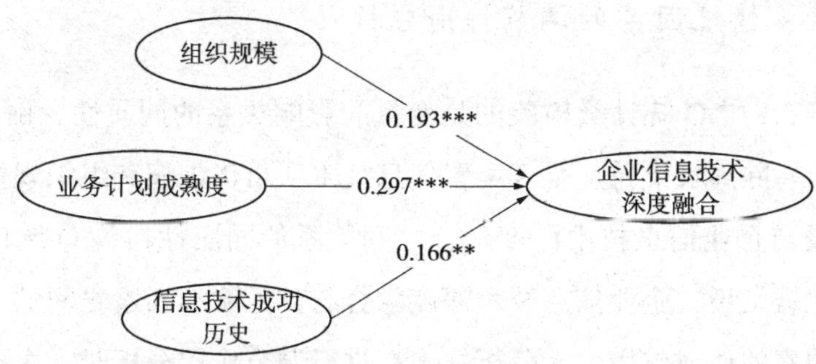

图 2.6（c）　组织因素对企业信息技术深度融合的影响

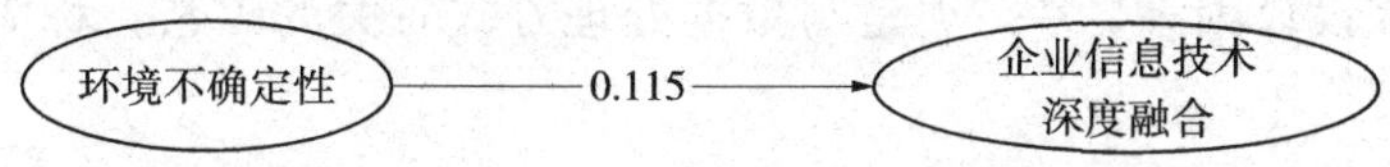

图 2.6（d）　环境因素对企业信息技术深度融合的影响

注：虚线表示元分析检验结果不显著，实线表示检验结果显著，假设成立。

元分析依赖于已经发表的研究成果，因而可能导致“发表偏倚”。因为结论不显著的研究一般较难发表。本书使用“失效安全数”（Failsafe Number）来估计发表偏倚发生的风险。失效安全数表示需要在当前元分析的 K 个样本中加入 N 个无效结论的研究，才能使元分析的结果发生逆转。N 值与 K 值相差越大，发表偏倚存在的可能性越小。如公式 2.4 所示，

$$N = k\left(\frac{r_k}{r_c} - 1\right) \qquad \text{（公式 2.4）}$$

其中：k 表示分析总体中独立研究样本个数，r_k 表示平均效应值，r_c

表示能接受的最小效应值，通常设为0.1[①]。

从表2.1对于失效安全数的计算结果来看，CIO汇报结构、组织规模、信息技术成功经历和环境不确定性四个因素失效安全数较低，也就是说，本次元分析得出的结构较容易被具有不同观点的文献否定，未来研究中仍值得进一步关注。

五、情境因素的调节作用分析

表2.1中Q统计量检验的是变量间影响关系的同质性。由表2.1可以看出，除高管支持、合理配置信息技术项目优先权和组织规模外，其他变量与企业信息技术深度融合之间关系的同质性检验Q统计量均显著。也就是说，企业信息技术深度融合与其他驱动因素之间的关系受到情境因素的调节作用。元分析技术在进行调节作用分析时，主要从以下两个方面捕捉和编码调节变量：一类是与样本自身特征有关的因素，称为研究设计因素；另一类是与数据处理方式有关的因素，称为数据特征因素。

结合研究实际，本书拟编码的调节变量包括：企业信息技术深度融合测量方式、行业和样本来源地三个变量。其中，行业和样本来源地属于研究设计因素，融合的测量方式属于数据特征因素。由于不同行业在投入资源、销售的产品及面临的外部市场环境等方面都有所差异，因而企业信息技术深度融合的规律在不同行业也可能会有所不同，本书试图将行业分别编码为制造业与服务业。然而，编码过程中发现，多数样本数据涵盖多个行业，无法准确归类样本数据是来自制造业还是服务业。

① 张骁、胡丽娜：《创业导向对企业绩效影响关系的边界条件研究——基于元分析技术的探索》，《管理世界》2013年第6期。

因此，本书不得不放弃对于行业因素调节作用的分析。样本来源地的编码如前所述，分别编码为东方国家和西方国家。企业信息技术深度融合测量方式分别编码为“模型”和“问卷”。本书采用 Meta 回归分析的方法进行调节效应估计：以平均效果量作为因变量，以所有的调节变量作为自变量，建立回归方程，从而筛选出导致异质性的重要情境因素。调节作用分析结果如表 2.2 所示。

表 2.2　调节效应元分析结果

分类	驱动因素	融合测量方式（0= 问卷；1= 模型）	样本来源地（0= 西方国家；1= 东方国家）
人的因素	沟通	−0.107***	0.046*
	联系	−0.021**	0.034**
	知识共享	−0.061***	—
	CIO 地位	0.009	—
信息技术统筹因素	CIO 汇报结构	−0.097*	0.026
	信息技术治理	−0.110	−0.043***
组织因素	信息技术成功历史	−0.045	−0.013***
	业务计划成熟度	−0.068***	−0.041***

注：—表示没有进入该组内的效应值，因此无法进行调节作用分析。

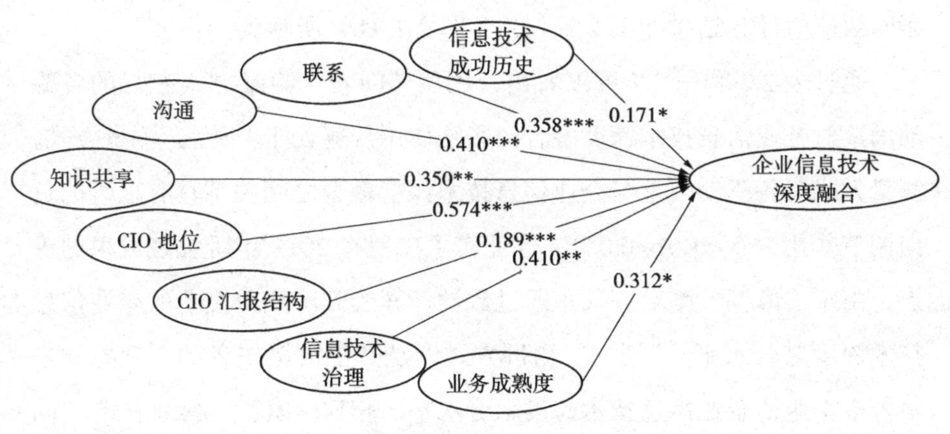

图 2.7（a）“问卷”方式下元分析结果

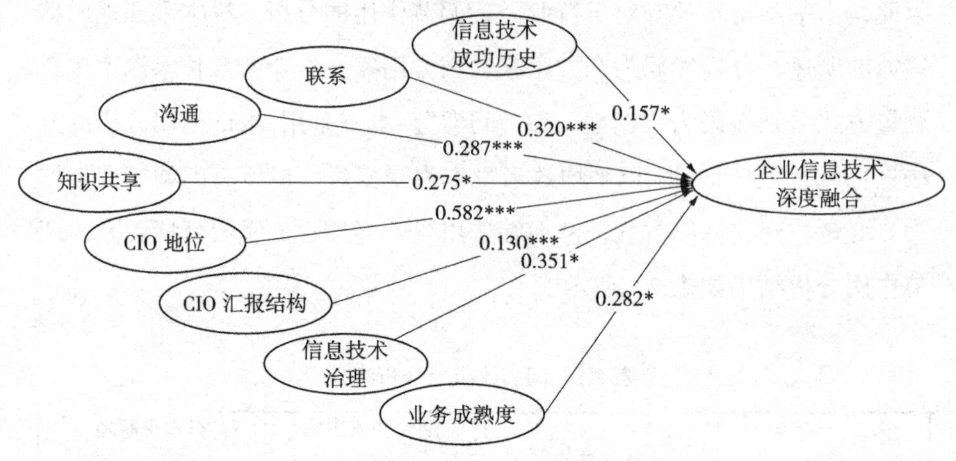

图 2.7（b）“模型”方式下元分析结果

由表 2.2 可以看出，企业信息技术深度融合的测量方式和样本来源地在诸多驱动因素与企业信息技术深度融合之间关系中起到调节作用。为了更加清晰地描述调节作用，本书分组计算了不同调节变量水平下驱动因素与企业信息技术深度融合之间的关系。如图 2.7（a）—2.7（b）和图 2.8（a）—2.8（b）所示。

（一）企业信息技术深度融合测量方式

“问卷”与“模型”测量方式下企业信息技术深度融合与各驱动因素间效应值计算结果如图 2.7（a）和图 2.7（b）所示。

通过表 2.2 和图 2.7 可以看出，利用“问卷”测量方式获得的各驱动因素对企业信息技术深度融合的影响作用普遍大于“模型”测量方式，测量方式对各驱动因素与企业信息技术深度融合之间关系具有显著的负向调节作用（$\beta<0$，$p<0.05$）。这证实了杰罗在 2011 年所发表成果的观点。由于“模型”测量方式是通过数学计算的方法获得企业的企业信息技术深度融合水平，“问卷”测量方式则是基于被调查者的主观感知来报告本企业的企业信息技术深度融合水平。相比“模型”测量方式，“问卷”测量方式具有更强的主观性，而人又具有选择记忆有利结果的倾向，

因而对驱动因素与企业信息技术深度融合之间关系将产生更加乐观的估计。另外，这也间接证明同源性偏差问题的存在。依赖于单个被调查者、采取自我报告的形成的数据收集方法都会夸大变量间关系。因此，企业信息技术深度融合的测量是一个重要而又艰难的研究课题，迫切需要学者们在这一方面做出进一步的思考。

（二）文化背景因素

按照样本数据是来自西方国家还是东方国家进行分组，分别计算企业信息技术深度融合与各驱动因素间效应值。结果如图 2.8(a）和图 2.8（b）所示。

通过表 2.2 和图 2.8 可以看出，样本来源地在企业信息技术深度融合与诸多驱动因素的关系中具有调节作用，但可能由于样本量较少的原因，从图 2.8（a）与图 2.8（b）中尚未找到效应值的分布规律。尽管如此，学者提出的部分观点仍值得深入讨论：莱达和凯沃斯两位学者于 2006 年提出西方国家更善于接受的新的技术与观念，但这一优势更加显著地体现在信息技术采纳阶段。在信息技术与业务深层次融合阶段，鼓励沟通、人际和谐的文化更能够鼓励组织成员创造性地应用信息技

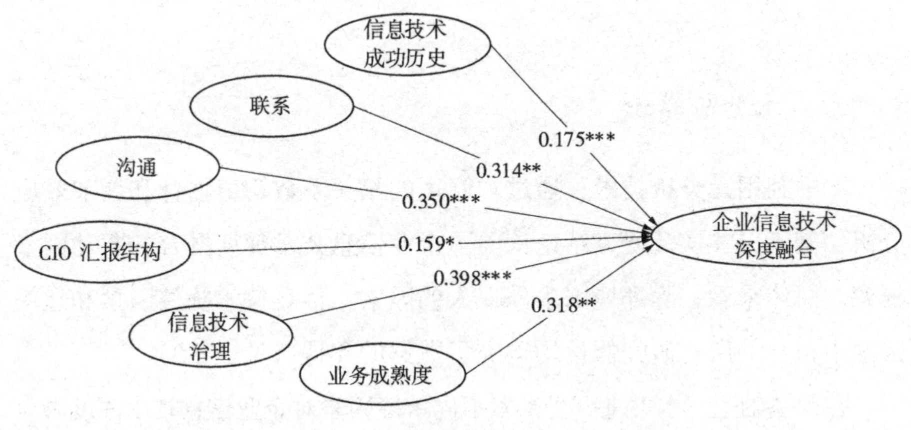

图 2.8（a）　西方国家数据的元分析结果

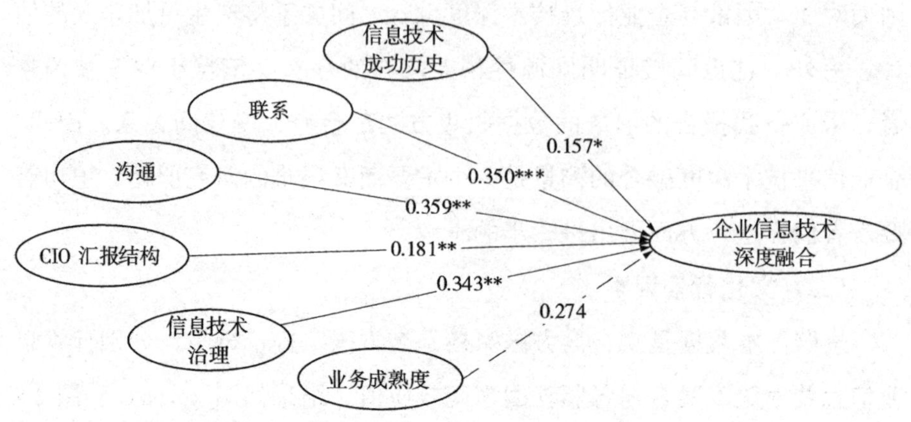

图 2.8（b） 东方国家数据的元分析结果

术。相比西方国家，东方国家的企业更加注重关系培养，基于维持与上级亲密关系的动机，员工可能愿意承担部分由于应用信息技术所带来的自身利益损失。根据霍夫斯泰德的研究结果，国家层文化维度主要包括权力距离、不确定性规避、男性主义 / 女性主义、个人主义 / 集体主义四个维度，那么这四个维度对于企业信息技术深度融合与其驱动因素之间关系的影响作用是否具有差异，以及东西方文化差异发挥调节作用的机理是什么等，都是未来值得深入探讨的话题。

六、元分析结论

本书利用元分析技术，通过对修正的相关系数均值估计和调节效应分析，基于以往实证研究结论检验了企业信息技术深度融合的驱动因素框架。总体来看，除环境因素外，人的因素、信息技术统筹因素和组织因素中包含的所有研究假设均得到了数据的支持（见表 2.3）。

在此基础上，本书进一步探索不同情境因素对企业信息技术深度融合与驱动因素之间关系的调节作用。Meta 回归分析结果显示，企业信息技术深度融合的测量方式和样本来源地两个情境变量在信息技术业务融合与驱动因素的影响关系中起调节作用。具体而言，利用“问卷”测量方式获得的信息技术与业务部门在制订计划过程中的联系、沟通、知识共享、CIO汇报结构和业务计划成熟度对企业信息技术深度融合的影响效应值显著大于“模型”测量方式；企业信息技术深度融合的测量方式在CIO地位、信息技术治理和信息技术成功历史与企业信息技术深度融合之间的调节作用未得到数据支持。东方国家的信息技术与业务部门在制订计划过程中的联系、沟通与企业信息技术深度融合的影响效应值显著大于西方国家；西方国家的信息技术成功历史、业务计划成熟度和信息技术治理与企业信息技术深度融合的影响效应值显著大于东方国家；样本来源地在CIO汇报结构与企业信息技术深度融合之间的调节作用未得到数据支持；另外，样本来源地在知识共享和CIO地位两个驱动因素与企业信息技术深度融合之间的调节作用由于数据量的关系尚未得到验证。

表2.3　基于元分析技术的企业信息技术深度融合驱动因素假设检验结果

分类	假设	内容	结果
人的因素	H1（a）	信息技术与业务部门在制订计划过程中的联系对企业信息技术深度融合具有正向的影响作用	支持
	H1（b）	信息技术与业务部门之间的沟通对企业信息技术深度融合具有正向的影响作用	支持
	H1（c）	知识共享对企业信息技术深度融合具有正向的影响作用	支持
	H1（d）	高层支持对企业信息技术深度融合具有正向的影响作用	支持
	H1（e）	CIO地位对企业信息技术深度融合具有正向的影响作用	支持
信息技术统筹因素	H2（a）	合理配置信息技术项目优先权对企业信息技术深度融合具有正向的影响作用	支持
	H2（b）	CIO汇报结构对企业信息技术深度融合具有正向的影响作用，CIO汇报对象的职位越高，企业信息技术深度融合水平越高	支持
	H2（c）	信息技术治理对企业信息技术深度融合具有正向的影响作用	支持

续表

分类	假设	内容	结果
组织因素	H3（a）	组织规模对企业信息技术深度融合具有正向的影响作用，组织规模越大，企业信息技术深度融合水平越高	支持
	H3（b）	企业成功的信息技术经历对企业信息技术深度融合具有正向的影响作用	支持
	H3（c）	业务计划成熟度对企业信息技术深度融合具有正向的影响作用	支持
环境因素	H4	环境不确定性对企业信息技术深度融合具有正向的影响作用	不支持

本章主要完成了如下内容：首先，基于企业信息技术深度融合的相关研究综述，并融入新兴技术情境下企业信息技术深度融合所体现出的新特点，提出企业信息技术深度融合的概念内涵，并与相近概念进行了辨析。在此基础上，基于层次视角将企业信息技术深度融合划分为基础架构融合、流程融合和战略融合三个维度。其次，借鉴复杂适应系统理论对驱动因素进行维度上的归类，提出企业信息技术深度融合驱动因素可以归纳为人的因素、信息技术统筹因素、组织因素和环境因素四类，并分别提出研究假设。最后，利用元分析技术对各驱动因素与企业信息技术深度融合之间关系的效应值进行综合评估，并对潜在的调节变量进行了分析，构建了企业信息技术深度融合的驱动因素框架。本章研究内容为后续章节中低碳文化对企业信息技术深度融合影响路径的探索和理论模型的构建奠定了基础。

第三章 “双碳”目标情境下的企业低碳文化研究

本章将深入阐述“双碳”目标情境下的企业低碳文化，具体而言，首先对企业低碳文化的概念内涵和维度进行界定；其次，通过文献研究归纳企业低碳文化的特征，并基于企业文化的一般理论，对企业低碳文化的功能进行分析；最后，对低碳文化在企业中发挥作用的一般作用路径的理论分析，为后续章节构建低碳文化对企业信息技术深度融合影响的理论模型与提出研究假设提供依据。

第一节 “双碳”目标情境下的企业低碳文化科学内涵

一、企业低碳文化的概念内涵

通过本书对低碳文化的相关研究综述可以发现，关于低碳文化的概念内涵，已有学者从“狭义”和“广义”两个方面来界定。“狭义”的概念主要关注行为层面、态度层面和价值观层面，认为低碳文化是一种低碳追求的生活方式、低碳消费的意识和低碳价值观念等；“广义”的概念则将低碳文化进一步扩展，认为低碳文化还包括低碳政策制度的革新和绿色技术的创新发展等。由此可见，已有研究从不同角度出发，定义了低碳文化的概念内涵，尽管不同定义中包含的要素有所区别，但仔细推敲可以发现，这些研究具有共同之处：

首先，从本质出发，低碳文化是一种关注环保与可持续发展，重视人与自然和谐关系的文化。低碳文化鼓励通过政策颁布、技术创新、低碳生产生活等方式来构建企业低碳经济发展模式，这是企业低碳文化的本质特征，也是其区别于其他文化类型的根本所在。

其次，从功能角度出发，低碳文化是一种能够激发个人环保意识，促进组织低碳行为的文化。这是企业低碳文化的价值所在，也是被称为先进性文化的原因所在。低碳文化能够唤起组织成员对绿色低碳、可持续发展的主动性与责任感，激发组织成员的环保意识，促进组织实施低碳行为。

最后，从目标角度出发，低碳文化是一种能够帮助有效推进"双碳"目标的适应性文化。在国家"双碳"目标的战略指引下，低碳文化通过鼓励和奖赏组织成员的绿色低碳行为，促进组织中形成绿色生产、绿色消费的发展模式。而作为社会发展的重要单元，企业的绿色低碳发展对有效推进国家"双碳"目标的落地具有重要的意义。

在总结上述共性要素的基础上，结合研究目的，本书对企业低碳文化做出如下定义：

企业低碳文化是在"双碳"目标的战略指引下，企业在生产经营过程中形成的以低碳环保为核心价值观，以有利于降低碳排放的制度体系为行为准则，以促进组织和成员低碳行为发生为外在表现形式的一种企业文化。

二、企业低碳文化的维度界定

如本书所述，学者们针对企业低碳文化的维度划分主要是基于“构成论”视角，各维度体现的是低碳文化的不同组成部分。根据已有研究成果，可以将企业低碳文化划分为以下构成维度：(1) 低碳物质文化：企业低碳文化的外在表现形式，包括宣传标语、名人逸事等；(2) 低碳行为文化：企业生产经营过程中体现出的组织低碳行为、员工低碳行为；(3) 低碳制度文化：是指与低碳发展价值观相匹配的企业规章制度；(4) 低碳精神文化：企业低碳文化的核心，指的是低碳发展的意识形态和价值观念。也有研究从绿色企业文化的角度提出维度划分方法，代表性的维度划分结果是将绿色企业文化划分为绿色理念、绿色生产、绿色营销、绿色管理和绿色消费 5 个维度。

既有“构成论”划分视角的理论基础是加拿大学者纽豪斯（Neuhauser）等提出的企业文化结构理论。纽豪斯等提出企业文化结构可以描述成三个层次，如图 3.1 所示。第一层次是企业共有的价值观念，是文化的最深层次；第二层次是具体的行为和习惯，是文化的中间层；第三层次是显而易见的标识和文字等。其中，第一层次是最稳定的，第二、三层次会伴随企业的战略调整及环境的变化而变动。

基于此，本书在已有研究的基础上，根据企业低碳文化的概念内涵，结合研究目的，以纽豪斯等的企业文化同心圆模型为基础，将企业低碳文化划分为低碳价值观、行为规范和人为饰物三个维度。

（1）低碳价值观，是企业关于低碳发展的核心经营理念，是同心圆文化的核心内容。价值观念是一个企业的管理精髓，主要通过企业精神、企业哲学、企业信条等来体现。低碳价值观以绿色、低碳、环保为核心，是企业中一切低碳行为的内在动力。例如，公司愿意承担社会责任，致力于为消费者提供“绿色、低碳”的产品和服务。

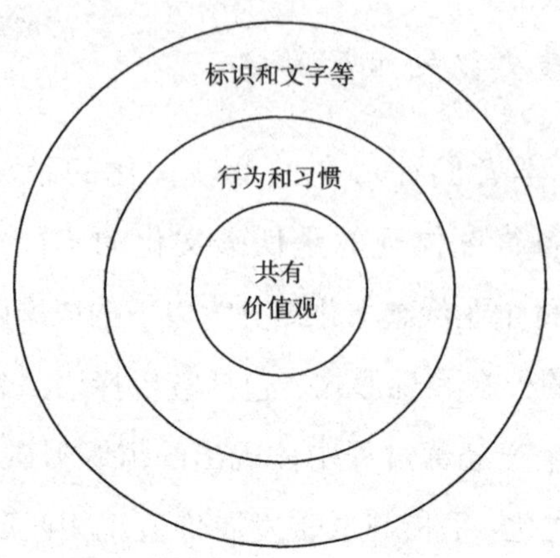

图 3.1　企业文化同心圆图示

（2）行为规范，是指组织成员对于低碳普遍的认同或期望。例如，管理者在工作中关注低碳、环保因素，鼓励并赞赏环保行为；公司有意识地建设低碳导向的管理制度；员工具有环保意识，将低碳、环保作为自身行为考虑的重要因素之一等。

（3）人为饰物，是低碳文化的具体表现形式。主要包括组织标志、宣传标语和典型事迹等。例如，企业通过线上线下各种途径对低碳、环保、节约等理念进行宣传；办公设施及用品尽量采用节能减排、环保产品。

第二节　企业低碳文化的特征

低碳文化作为企业文化的一种类型，一方面具有企业文化的共性特征：实践性、渐进性、相对稳定性和可传播性[①]；另一方面，低碳文化因其在实践中的特殊性，还具有有别于其他企业文化的鲜明特征。

① 刘光明：《企业文化》，经济管理出版社 2006 年版，第 179—191 页。

第一，先进性。尽管文化本身没有优劣之分，却有先进还是落后的区别[①]。低碳文化以低碳环保为核心价值观，是推动企业、员工、社会和生态持续发展的经营文化，是以可持续发展为目标，以企业与自然、社会和谐为条件的形态意识、价值观念和相互遵循的行为准则。在低碳经济时代背景下，绿色低碳转型成为企业高质量发展的必由之路，低碳文化充分体现了在国家“双碳”战略的指引下企业文化建设的新趋势。

第二，科学性。低碳文化既是一种科学文化概念，也是一种科学文化手段。作为科学文化，低碳文化本身是具有科学含量的。低碳是控制温室效应，应对全球气候变暖等问题的有效方法，因此低碳文化概念的科学性毋庸置疑。低碳作为一种科学文化手段，主要包括为了降低碳排放量而采取的相关低碳技术、低碳方法和低碳措施，贯穿于企业生产经营活动的全过程，是低碳文化不可缺少的部分。

第三，兼容性。文化的渐进性特征决定了低碳文化具有兼容性。这主要体现在以下两个方面：一是低碳消费、低碳生产等低碳语境内涵丰富，蕴含了极高的文化品位，涵盖了低碳能源、低碳开发、低碳转换、低碳消费等低碳生产与生活的全部。低碳技术和低碳文化成了推动低碳经济发展的双轮动力，如果说低碳技术是最强动力的话，那么低碳文化则是最好动力。二是在崇尚低碳文化的企业中，往往强调创新引领，因为企业实现绿色化高质量发展，科技创新是关键。因此，企业中会兼容鼓励新思想、新技术和新方法的创新文化，以求真务实的态度，运用科学的方法打破惯例，利用创新的思路解决问题。通过深化技术创新、方法创新等推动企业的绿色化转型。

第四，创新性。企业低碳文化的建设需要进行一场全方位、系统性、创新性的绿色低碳发展变革。从低碳经济发展的角度讲，创新是必

① 连冬花：《论创新文化》，《科技管理研究》2013年第6期。

经之路，包括低碳技术创新、低碳管理创新、低碳制度创新、低碳机制创新等。必须坚持创新驱动，促进信息技术与传统行业的深度融合，加快推进大数据、人工智能等新一代信息技术与企业生产运营全过程的结合，赋能传统产业向高端化、智能化转型升级，借助信息技术催生绿色发展新动能。

第五，人本性。全球气候变化影响人类的生存和发展，对经济社会的可持续发展带来了严峻的挑战，全球气候变暖的后果是冰川融化、海平面上升、生态系统退化、自然灾害频发，将深度触及农业和粮食安全、水资源安全、能源安全、生态安全和公共卫生安全，直接威胁到人类的生存和发展。低碳文化的终极目标在于推动企业的进步与生态环境可持续发展，这本身便蕴含着强烈的人文关怀。低碳文化认识到人是自然系统的一部分，也是具有特殊能动性的部分，企业要在今后的发展中，摒弃与天争利的观念，追求人与自然的和谐共处，用最小的社会成本获得最大化的社会与个人收益。

第三节　低碳文化的功能

功能研究关注企业低碳文化在组织中发挥作用的能力。本书对企业文化的功能进行了阐述，企业文化的功能可以概括为导向功能、约束功能、凝聚功能、激励功能和辐射功能。低碳文化由企业文化发展而来，是众多企业文化类型中的一种，因而低碳文化具有企业文化的共性。从根本上讲，企业低碳文化是一种关注环保、倡导低碳的文化类型，能够激发组织提升低碳意识，促进低碳行为。借鉴于晓钟和魏新等学者的研究成果，本书提出企业低碳文化的功能主要包括：低碳导向功能、低碳约束功能、低碳凝聚功能、低碳激励功能和低碳辐射功能。

一、低碳导向功能

低碳文化对企业全体成员的低碳思想和行为起到引导作用。这种引导作用主要通过两种途径得以发挥：一是由于企业文化是全体成员共同遵守的价值观念和行为准则，是支撑组织中一切行为的内在动因。基于场动力理论，组织氛围能够预测组织成员行为。组织氛围是成员对于组织环境的共同知觉和体验，低碳文化鼓励员工的低碳行为，为员工的低碳技术研发、低碳生活方式转变提供鼓励和支持，并通过出台相应的绿色行为奖励制度、绿色发展制度规范、张贴关于提倡员工从事绿色低碳活动的标语等措施，使组织成员感知到良好的低碳实施氛围，进而表现出与“企业期望”相一致的低碳行为。从企业层面来讲，以低碳价值为核心的企业低碳文化氛围引领低碳能源、低碳生产、低碳生活和低碳消费等一系列低碳行为模式，并且为一切与低碳相关的行为提供便利条件，使组织全员进入一个低碳良性循环的有序状态。二是通过低碳具体目标的制定引导员工实施低碳行为。企业文化会潜移默化地影响企业战略目标的制定，不同于文化的隐匿性特点，企业的战略目标是明确的、可量化的，是企业进行低碳活动的风向标。低碳文化通过导向作用得到组织中全体成员的倡导和追求，并贯穿于企业生产生活的全部，从而促成低碳经济的协同发展。

二、低碳约束功能

低碳文化对企业全体成员的低碳思想和行为起到约束控制作用。当低碳文化深入人心，形成企业全体成员共同遵守的道德规范和行为准则时，低碳文化的约束功能就发挥了作用。具体而言，这种约束控制作用通过两种途径得以发挥：一方面，通过制定与企业低碳价值观契合的规章制度对企业成员的行为进行约束控制。与低碳规章制度相一致的行为将得到赞许与奖励，违背低碳规章制度规定的行为将得到惩罚。另一方面，通过规范员工的自觉低碳行为方式，把外在的强制性的制度性行为约束指令转换为个人本身的自觉行为准则，通过内在自我约束，可弥补低碳规章制度上执行的硬性不足。基于动机理论的基本思想，组织成员为了能够融入组织，往往会做出组织倡导的、与大多数组织成员一致的行为。在低碳文化的作用下，低碳文化成为全员接受和普遍共识，企业成员为了与他人保持一致性，纷纷采用科学的方法从事低碳活动，这种“从众”行为体现了低碳文化的约束功能。值得注意的是，低碳文化的约束功能本质上是一种“软约束”，而不是制度上的硬性约束。

三、低碳凝聚功能

低碳文化的凝聚力是指低碳共识、低碳行为的向心力，它对全员低碳行为起“靶心”作用。低碳文化的凝聚功能主要是通过促进员工的组织认同感实现的。薇嘉雅（Vijayakumar）和帕德玛（Padma）两位学者在 2014 年发表的论文成果中指出，组织认同感是组织成员在价值观等方面与组织具有一致性的感知，组织认同感能够有效预测组织成员的工作态度和行为①。具有组织认同感的员工被组织本身所吸引，在工作中既有理性的责任感与契约感，又有感性的归属感与使命感，进而将表现出对组织尽心尽力的行为结果。组织成员会把低碳文化所蕴含的价值观念和行为规范内化为个体的价值观念和行为规范，将自身与企业的发

① V. Vijayakumar，R. Padma，“Impact of Perceived Organizational Culture and Learning on Organizational Identification”，*International Journal of Commerce and Management*，2014，24：40-62.

展融为一体，进而产生组织认同感，做出有益于组织的低碳行为。在具有低碳文化的企业中，组织通过在不同部门、不同层级之间建立起共同的低碳目标，将组织成员凝聚在一起，形成一个强有力的低碳“团队”，强烈的使命感和责任感促使员工服从组织安排，主动做出组织期望的低碳行为。

四、低碳激励功能

基于动机理论视角，如果说低碳文化的约束功能是通过激发组织成员的外在动机实现的，那么激励功能则是通过激发组织成员的内在动机实现的。一方面，低碳激励在低碳经济核心理念的支持下，通过低碳制度文化建设，对人们的低碳行为方式进行激励，以低碳激励逐步规范员工的行为，增强员工低碳责任和使命感，促进企业低碳经济和谐发展。另一方面，员工主动从事低碳活动不仅仅是受到奖励机制、约束制度等外在因素的影响，还受到其内在的价值观、自我实现等内在因素的驱动作用。低碳文化的激励功能通过低碳文化的构建，营造崇尚可持续发展的组织氛围，调动企业成员低碳积极性和热情，员工将低碳发展的理念深入内心，员工的潜能和创造力被极大地发掘。

五、低碳辐射功能

学者王德胜在 2010 年提出，企业文化不仅在组织内部发挥作用，对本组织的战略、运营及员工行为产生影响，还要通过销售和服务体系将企业的价值观念反映到外界去。低碳文化通过低碳物质文化展现出来，低碳物质实体是低碳文化的载体，包含低碳设备、低碳技术、低碳宣传口号、低碳商品说明、低碳标准、低碳标签等。低碳文化通过这些载体从企业内向外辐射至外部供应商、分销商、客户等价值链上的其他合作伙伴。伴随着互联网的快速发展，低碳文化辐射功能的发挥不再局限于价值链的外溢，产业布局更趋于分散化，企业边界日趋模糊。越来越多的企业通过采用开放式创新模式，使创客、用户、科研院所等更多的角色参与到企业的生产经营活动中，企业所倡导的低碳的价值观念将通过价值链辐射至所有参与者，从而促进低碳文化的流行推广、普及和深入人心，提高低碳文化的知名度与美誉度。

第四节　企业低碳文化一般作用路径的理论分析

如前所述，企业低碳文化的功能包括低碳导向功能、低碳约束功能、低碳凝聚功能、低碳激励功能和低碳辐射功能。低碳文化的功能体现了其在组织中发挥作用的能力，那么，企业低碳文化具体是如何发挥其功能的呢？也就是说，有必要探究低碳文化的一般作用路径。通过对企业低碳文化（含绿色企业文化）的相关研究进行综述后，从已有研究中提炼出低碳文化发挥其功能主要是通过以下中间变量：

第一，组织认同感与低碳组织公民行为。组织认同感是组织成员对组织的一种情感归属，是连接员工和企业良好紧密关系的纽带。企业低碳文化传达出低碳价值观念和对组织成员践行低碳行为方式的期待和规范，促使组织成员积极开展低碳行动，包括在工作中注重低碳环保，减少资源浪费，尝试参与研发和试验低碳技术等，在参与低碳行为实践的过程中，组织成员低碳知识的不断增加，对企业低碳文化的理解也会进一步加深，促进组织认同感形成，进而主动表现出职责之外的低碳组织公民行为。陈鑫茹等学者在 2023 年通过对 340 份环保绿化行业员工样本数据进行实证研究后发现，企业低碳文化感知对员工低碳组织公民行为具有显著正向影响，组织认同感在企业低碳文化与低碳组织公民行为关系间起部分中介作用。

第二，企业内部社会资本。企业内部社会资本是一种隐含于企业内部的无形资源，其核心组成成分是信任和共同愿景，还包括社会网络、共享语言、合作以及规范等若干方面。企业内部社会资本产生于组织成员的普遍一致与组织认同，是以信任为土壤的，而企业文化为信任的形成提供了土壤。企业文化帮助促进企业内外各个层次个体间社会资本的合理结合，并使之得到发展。成功的企业文化中富含大量的社会资本，因此，从社会资本的角度出发，成功的企业文化本身也是一种社会资本。低碳文化作为一种符合社会发展趋势、积极向上的健康文化，更容易得到员工的认可和推崇，增加员工间的互相信任、尊重与互动，它通过激励和凝聚功能最终增加企业内外部社会资源。学者欧阳斐研究发现，企业低碳文化对企业内部社会资本的关系维和认知维具有正向影响。

第三，管理绩效与操作绩效。戴化勇和鲍升华两位学者分析了绿色企业文化对企业经营绩效的影响，将绿色企业文化定义为企业及其员工在长期的生产经营实践中逐步形成的为全体员工所认同和遵循的、具有本企业特色的、对企业成长产生重要影响的、关于节约资源和环境保护及其与企业成长关系的看法和认识的总和；将环境绩效定义为企业经营活动中由于环境保护和治理环境污染取得的成绩和效果。戴化勇和鲍升华将环境绩效划分为管理绩效和操作绩效两个维度，提出绿色企业文化与环境绩效、经营绩效之间关系的理论模型和假设。研究结果表明，绿色企业文化与企业经营绩效的直接关系并不显著，绿色企业文化通过正向影响管理绩效与操作绩效间接影响企业的经营绩效。

由于国内外目前关于企业低碳文化助推组织低碳转型的实证研究非

常匮乏，为了推导出低碳文化在企业中发挥作用的一般路径，笔者又检索了与低碳文化密切相关的健康文化与企业间关系的实证研究，梳理已有研究中提及的中间变量，并在此基础上通过逻辑推理进行泛化，提出低碳文化在组织中发挥作用的一般路径，为后续章节企业低碳文化对企业信息技术深度融合作用路径的理论分析提供依据。除上文提到的组织认同感与低碳组织公民行为、企业内部社会资本、管理绩效与操作绩效外，已有研究中提及的健康文化影响企业绩效的中间变量主要包括：

战略形成与战略实施。撒哈芬（Saffold）提出了文化的影响过程模型，认为文化对企业绩效的影响是一个由组织氛围、员工行为、组织学习、战略形成和领导等多种因素相互作用的动态复杂过程。尽管只是提出了研究模型，并未进行实证检验，却认识到战略形成在文化对企业绩效影响中扮演的重要角色。企业的战略形成过程直观体现了企业的经营理念和价值观偏好。在既定情境下，企业构建适当的战略框架，通过行为模式和决策制定机制来保证企业战略的实施。学者徐晨燕提出，企业的核心价值观念决定了企业的发展战略①。

组织氛围营造。文化与氛围都是员工对组织偏好的经验感知，相比组织文化，组织氛围更具有行为导向，体现了员工对组织实施政策和实践活动的认知。例如，克莱因（Klein）等人在 2001 年指出，创新实施的氛围将促使用户产生有利于该创新实施的积极行为，进而正向影响组织绩效。乔治（George）和贝腾豪森（Bettenhausen）两位学者在 1990 年发表的研究成果中指出，文化在某种程度上决定了组织内主人翁氛围的水平，并通过主人翁氛围促进组织绩效。费里斯（Ferris）等人在 1998 年建立了文化对企业绩效影响模型，提出文化通过组织氛围、员工态度、员工行为对企业绩效产生正向影响。

① 徐晨燕：《低碳文化对企业绩效影响的研究》，华东交通大学博士学位论文，2008 年。

综上所述，组织认同感、低碳组织公民行为、企业内部社会资本、管理绩效与操作绩效、战略形成与战略实施、组织氛围营造等中间变量通常被学者选作连接低碳文化相关变量与企业绩效之间的桥梁，即企业低碳文化通过以上中间变量的传导作用，使得其功能得以发挥。其中，组织认同感关注员工对低碳文化一致性的感知，从而缩减员工与组织间、员工之间的心理距离，从而产生更加良好的组织关系和交流互动。更进一步地，员工对组织认同感的提升会影响其态度和行为，员工对于组织贯彻低碳文化的认同感提升，会促进员工自发进行低碳组织公民。企业内部社会资本是以信任、尊重等良好的成员关系为基础建立和得以长久维系的。构建低碳企业文化本身蕴含着尊重自然、以人为本、可持续发展的理念，员工在这种氛围的感染下也会增加社会责任感、信任感以及组织认同感，从而有利于稳固与加深组织内部社会关系网络的质量及范围，促进企业内部社会资本的发展。基于此，本书认为，低碳文化对组织的正向影响作用一方面是通过组织层面的认知提升和行为塑造实现的，通过提升成员的组织认同感和组织成员的交互行为，确保组织成员的低碳行为与企业的低碳主张的一致性。

另一方面，战略形成和战略实施是将隐性的企业低碳文化转化为显性的体制和政策的过程。文化决定组织发展的方向和战略，引导着组织如何去判断和设定那些影响组织适应外部环境的要素。美国通用公司总裁杰克·韦尔奇（Jack Welch）曾说过，企业的根本是战略，而战略的本质就是企业文化。文化是企业的经营哲学，它明确了企业存在的价值和发展的目标。作为企业内成员的共同价值观，文化是“道”，贯穿企业发展始终，又潜行于企业的各个细节和制度中。数字时代背景下，浩瀚的企业内部运营数据和外部环境数据为企业战略的制定提供了参考的同时，又令企业茫然不知所措，这时，文化则充当企业信息过滤器的“主导逻辑”，在这套主导逻辑的指导下，企业在决策制定过程中选择利用一部分数据而忽略另一部分数据。可见，企业的战略制定和实施都直观体现了企业的经营理念和价值观偏好，是企业集体意志的表达。文化通过影响组织顶层的决策制定，来强化和引导组织成员做出“组织希望的”行为，将组织倡导的价值观付诸实践。当组织成员的决策和行为方式与组织当前战略保持一致时，这些决策制定体制和政策将被延续下去。基于此，本书提出，低碳文化对结果变量的促进作用的另一条路径是通过制定与企业低碳价值观念相一致的体制和政策来实现的。

综上所述，低碳文化的作用路径从理论和逻辑上分析主要有两条：一是通过制定与企业低碳价值观念相一致的体制机制；二是通过组织层面的认同感提升与行为塑造。为了在表达上更加简要和方便，本书将前者凝练为“低碳文化—顶层制度设计—结果变量”；将后者凝练为“低碳文化—认知提升与行为塑造—结果变量”，如图 3.2 所示。

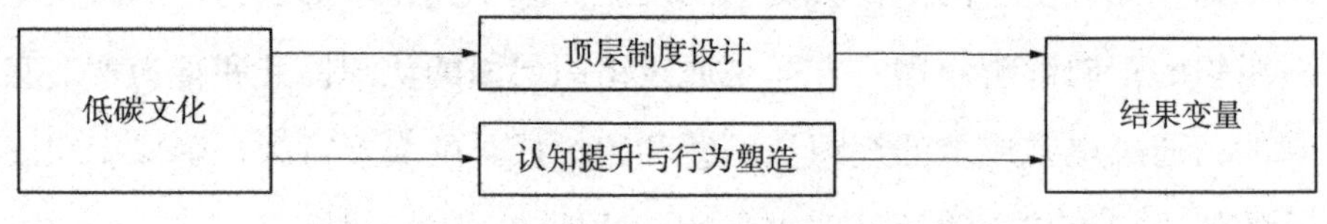

图 3.2　低碳文化对企业影响的逻辑推理

本章主要完成了如下研究内容：第一，从企业低碳文化的概念内涵和维度界定入手，分析了“双碳”目标情境下企业低碳文化的科学内涵；第二，提出企业低碳文化具有包括先进性、科学性、兼容性、创新性、人本性的特征；第三，基于已有研究，总结企业低碳文化的功能包括低碳导向功能、低碳约束功能、低碳凝聚功能、低碳激励功能和低碳辐射功能；第四，分析了低碳文化在企业中发挥作用的一般作用路径，为后续章节理论模型的构建奠定基础。

第四章　低碳文化对企业信息技术深度融合影响的理论分析

本章旨在为低碳文化影响企业信息技术深度融合的内在机制提出理论方面的深刻阐释，构建低碳文化对企业信息技术深度融合影响的理论模型，并提出对应的研究假设。首先，结合第二章构建的企业信息技术深度融合驱动因素框架，基于“低碳文化—顶层制度设计—结果变量”与“低碳文化—认知提升与行为塑造—结果变量”的理论逻辑，提出信息技术治理和企业内部社会资本两个中介因素，并阐述低碳文化对企业信息技术深度融合影响的关键路径；其次，探讨两个中介因素之间的作用关系。在此基础上，构建理论模型，并提出研究假设。

第一节　低碳文化对企业信息技术深度融合作用路径的理论分析

通过前文的理论分析，本书提出了低碳文化在组织中发挥作用的两条路径：一是“低碳文化—顶层制度设计—结果变量”；二是“低碳文化—认知提升与行为塑造—结果变量”。本节将以此为基础，结合基丁元分析技术构建的企业信息技术深度融合驱动因素框架，通过挖掘企业信息技术深度融合驱动因素与低碳文化一般作用路径的内在联系和对应关系，识别中介因素，论述低碳文化对企业信息技术深度融合影响的关键路径。本节共包括三部分内容：第一，将低碳文化在组织中发挥作用的一般路径置于企业信息化情境下，识别低碳文化对企业信息技术深度融合影响的中介因素；第二，对已识别的中介因素进行概念内涵的解析；第三，对中介因素之间的作用关系进行理论分析，深化对低碳文化与企业信息技术深度融合之间关系的认识。本节内容为后续章节理论模型的构建和研究假设的提出奠定了理论基础和逻辑支持。

一、中介因素的识别

图 4.1 表述了低碳文化影响企业信息技术深度融合的中介因素的推导过程。如前所述，第一条作用路径“低碳文化—顶层制度设计—结果变量”体现了低碳文化通过制定与企业低碳发展观念相一致的体制和政策，来强化和引导组织成员做出“组织希望的”行为，将组织倡导的价值观付诸实践，进而促进组织绩效的全过程。具体到企业信息化情境下，企业实施信息技术以后，信息技术与业务融合的过程涉及两者间的不断适应性调整，需要信息技术与业务部门之间频繁的合作与联系。这是一个系统工程，需要从顶层设计①的角度自上而下地考虑和协调各种信息技术与组织要素间的关系，实现信息技术价值的同时，有效规避信息技术风险。从利益相关者理论视角出发，文化对企业信息技术深度融

① “顶层设计（Top-Down Design）”是一个工程学学术用语，于 2012 年 10 月首次出现在中共中央关于“十二五”规划的建议中。2016 年学者郑培培提出，顶层设计的具体内涵是，以全局视角对系统建设的各层次、各种要素进行统筹考虑，协调各种关系，从而提高效益，降低风险和成本。

合的影响过程体现为组织需要在特定的文化情境下权衡众多相互联系又彼此冲突的利益相关者，这种基于文化视角的“博弈”过程，将直接决定了信息技术与业务深度融合的水平。

本书将“低碳文化—顶层制度设计—结果变量”这一作用路径与利用元分析技术构建的企业信息技术深度融合驱动因素框架进行对应，顶层制度设计这一关键路径与企业信息技术深度融合驱动因素中的信息技术统筹因素在内涵上具有相似性。基于前文的研究结果，信息技术统筹因素中，合理配置信息技术项目优先权、CIO 汇报结构以及信息技术治理均正向影响企业信息技术深度融合。其中，合理配置信息技术项目优先权能够确保企业将有限的资源投入到与企业战略对应最紧密的环节，有利于促进信息技术与业务部门就企业的发展规划等问题达成共识，从而提升信息技术与业务的一致性水平。CIO 汇报结构一方面体现了与信息技术相关的信息的流通渠道；另一方面也反映出 CIO 在组织中的地位，研究发现，在 CIO 直接向 CEO 汇报的组织中，企业信息技术深度融合水平显著高于 CIO 向业务经理或其他高层管理者汇报的组织。信息技术治理是信息技术应用过程中为鼓励期望行为而明确的决策权归属和责任担当框架，通过自上而下地全面考虑和协调各种信息技术与组织要素间的关系，确保信息技术与企业战略目标达成一致，同时规避信息技术与业务深度融合的过程中的潜在风险①。可见，合理配置信息技术项目优先权与 CIO 汇报结构隶属于信息技术治理范畴。

根据利益相关者理论，信息技术治理通过对信息技术的顶层制度安排，保障信息技术实现战略性业务价值的同时有效规避与信息技术相关的风险，从而帮助企业获取竞争优势，最终达到保护利益相关者的权益

① P. Weill，J. Ross，*IT governance：How top managers manage IT decision rights for superior results*，*Boston*：Harvard Business School Press，2004.

的目的。企业文化理论将文化的作用归纳为帮助组织适应环境和整合组织内部资源要素两个方面，结合企业发展战略和外部市场的需求，企业对现有资源进行合理配置，通过制度安排和管理运作来增强企业的整体竞争力。可见，信息技术治理可能成为有效连接低碳文化与企业信息技术深度融合的桥梁。基于此，本书提出低碳文化影响企业信息技术深度融合的第一个可能的中介因素——信息技术治理。

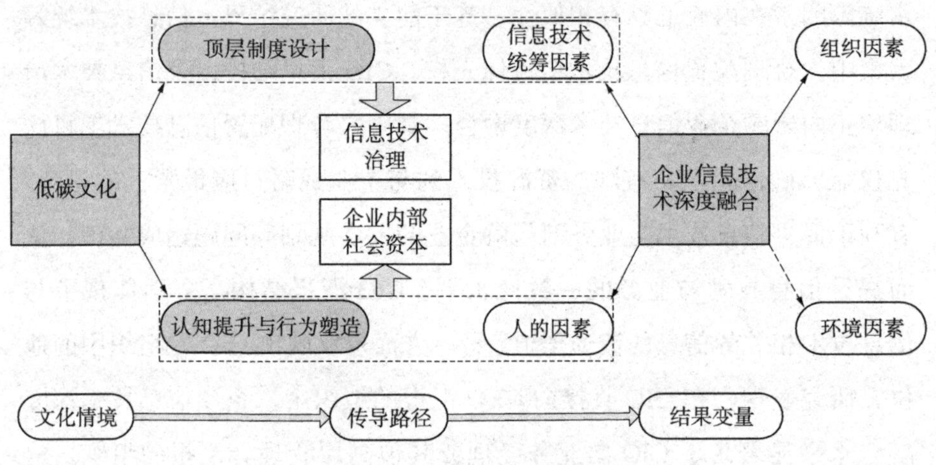

图 4.1　中介因素的推导过程

第二条作用路径“低碳文化—认知提升与行为塑造—结果变量”体现了低碳文化提升员工的低碳认知，塑造员工践行低碳行为，确保员工的态度和行为与组织期待相一致，通过员工做出的有益于组织的低碳行为来提升绩效的全过程。文化在理解成员互动现象和行为方面具有很强的解释力，能够通过设定和引导组织成员对正确行为的认知和边界，来影响组织成员的行为①。具体到企业信息化情境下，企业层面的认知提升和行为塑造主要体现在低碳文化的实施提升了员工对绿色组织和绿色

---

① 成瑾、白海青：《从文化视角观察高管团队行为整合》，《南开管理评论》2013 年第 1 期。

发展的认同感，营造了开放、鼓励交流的组织氛围，降低了跨部门沟通的成本，促进信息技术部门与业务部门的交流与合作，从而使信息技术部门能够更准确地把握业务部门的需求的同时，业务部门能够对信息技术的战略价值有更加深入的认识，促进信息技术与业务部门在组织与信息技术方面的认知达成一致，形成共同愿景，促进形成更加紧密的组织内部网络结构。

本书将“低碳文化—认知提升与行为塑造—结果变量”这一作用路径与前文利用元分析技术构建的企业信息技术深度融合驱动因素框架进行对应，认知提升与行为塑造这一关键路径与企业信息技术深度融合驱动因素中的人的因素在内涵上具有相似性。人的因素中，信息技术与业务部门在制订计划过程中的联系、沟通、共同认知、共享愿景、知识共享、高层支持和 CIO 地位均正向影响企业信息技术深度融合。其中，信息技术与业务部门在制订计划过程中的联系、沟通和知识共享体现了信息技术与业务部门间的合作关系与亲密程度。在制订计划过程中，信息技术部门与业务部门密切配合、紧密联系，对存在的问题及时进行沟通，共享知识，这将有助于减少业务部门对信息技术认知的隔阂，促使信息技术与业务部门人员在认知态度上达成一致，确保信息技术与业务规划指向同一方向。这些信任与尊重有利于稳固与加深组织内部社会关系网络的质量及范围，促进企业内部社会资本的发展。

场动力理论认为，组织氛围能够充分地反映组织成员的生活空间，因而对成员行为具有决定性作用。崇尚低碳文化的企业通过宣传低碳环保典型事迹、出台相应的奖励制度等方面，塑造出企业低碳行为的实施氛围，组织成员感知到企业浓郁的低碳发展氛围，有力提升组织成员对绿色组织的认同感，进而表现出与“企业期望”相一致的低碳行为。基于此，本书提出低碳文化影响企业信息技术深度融合的另一个可能的中介因素——企业内部社会资本。

综上所述，本书通过对低碳文化的一般作用路径与企业信息技术深度融合的驱动因素框架的双重推导，结合企业文化理论、利益相关者理论和场动力理论的基本思想，提出信息技术治理与企业内部社会资本可能成为低碳文化对企业信息技术深度融合影响的关键路径。

二、中介因素的概念内涵界定

（一）信息技术治理

信息技术治理从20世纪90年代起就引起学者的关注，信息技术治理协会（IT Governance Institute，ITGI）2003年提出，信息技术治理是公司治理的一部分，由领导、组织结构和过程构成，旨在确保信息技术能够帮助实现组织的战略目标。威尔（Weill）和罗斯（Rose）两位学者的研究侧重于信息技术治理的核心内容，在2004年发表的研究成果指出，信息技术治理是组织在利用信息技术时为鼓励期望行为而明确的决策权归属和责任担当框架。格伦伯根和汉斯两位学者在2009年发表的研究成果中提出，信息技术治理是为实现信息技术业务价值而实施的流程、结构和关系机制，以保证业务和信息技术部门人员明确各自的职责。通过对上述定义的梳理，可以发掘信息技术治理具有以下特征：第一，信息技术治理是组织战略层面的制度安排，是公司治理的一部分；第二，信息技术治理关注的是“做什么”和由“谁”负责的问题；第三，实现信息技术价值和规避信息技术风险是信息技术治理的两大支柱。

综上所述，本书沿用学者江炼于2014年发表的论文中对信息技术治理的定义：信息技术治理是董事会或最高管理层为推动信息技术服务于企业整体战略目标的达成，实现信息技术风险可控、价值可期及各方利益最大化所做的，与企业信息技术战略决策、建设和应用过程相关的制度安排。

信息技术治理主要解决三个方面的问题：一是解决目的性问题，即企业在信息技术治理过程中要作哪些决策。以信息技术治理协会（ITGI）和国际信息系统审计协会（ISACA）为代表，研究的重点在于“信息技术治理内容”，代表性成果是著名的COBIT（Control Objectives for Information and Related Technology，信息及相关技术的控制目标）框架模型。COBIT成为国际公认的信息技术治理控制框架，被企业广泛接受，并成为业务经理和信息技术专业人员的行动指南。COBIT涵盖信息技术吸纳的整个生命周期，是衔接企业战略目标与信息技术战略目标的桥梁，使得信息技术与业务部门实现互动①。二是解决组织性问题，即制定信息技术决策的权力部署方式。最早有学者将其划分为集中式和分散式两种模式，后人不断进行扩展和完善，兹木德等学者于1986年在集中式与分散式基础上加入“联邦治理模式”；2004年，威尔和罗斯两位学者发展出六种信息技术治理模式：业务君主制、信息技术君主制、封建制、联邦制和双寡头制和无政府制。三是解决系统性问题，即如何做出和监控这些决策。学者们转向研究控制和指导组织信息技术保障业务并实现收益最大化的体系，包括为实现信息技术目标和规避信息技术风险所涉及组织、流程与沟通机制。随着研究的不断深入，学者发现信息技术治理模式与信息技术治理机制共同作用才会显现信息技术治理绩效，企业需要通过一系列的治理机制来确保决策的有效制定和监控。于是更多学者倾向于从保障其绩效的组织、流程与沟通机制来研究信息技术治理②。基于此，本书综合信息技术治理内容和治理机制，遵循格伦伯根和汉斯两位学者于2010年提出的信息技术治理三要素模型，同时

① 张瑜：《信息化投资、IT治理与公司绩效关系研究》，首都经济贸易大学博士学位论文，2017年。

② 谢卫红、成明慧、王田绘等：《IT能力对企业吸收能力的影响机理研究——基于IT治理的视角》，《研究与发展管理》2015年第6期。

在流程机制中融合 COBIT 提出的关键控制域的思想，将信息技术治理划分为以下三个维度：

第一，组织机制：为协调业务与信息技术管理职能间的关系所设置的制定信息技术决策的组织机构，包括 CIO 职责分工，以及信息技术架构委员会、信息技术指导委员会等非正式组织的设置和职责分工等。

第二，流程机制：设置制度化的战略性信息技术决策制定程序和信息技术监管程序，如信息技术投资建议与评估流程、信息技术战略规划流程，以及利用包括 COBIT、ITIL 在内的工具和方法对信息技术规划、实施、交付和监控的流程。

第三，关系机制：为确保高层管理者、信息技术与业务管理人员的积极参与，以及理清他们之间合作关系而建立的正式和非正式的沟通与反馈机制，如合作激励机制、冲突解决机制、信息技术政策的培训与传播等。

（二）企业内部社会资本

社会资本资源嵌入在相互联系的个体、群体或民族的社会网络中，并且可以通过社会关系网络的发展得以丰富。社会资本的概念最早起源于社会学领域，学者哈尼凡（Hanifan）在 1916 年的研究首次使用了“社会资本”这一术语，将其定义为“构建乡村社区的群体和家庭中的善意、友谊、同理心和社会交往关系”。而后，由于企业是人类经济活动中的重要主体，企业层面的社会资本逐渐受到了学者们的关注。

伯特（Burt）首先开始关注企业层面的社会资本，于 1992 年提出，存在于企业内部以及企业之间的社会关系便是一种社会资本，是能够帮助企业获得竞争优势的一个关键因素①。进一步地，阿德勒（Adler）和官塘（Kwun）两位学者在 2002 年将企业社会资本划分为企业外部社

① R. S. Burt，*Structural Holes*：*The Social Structure of Competition*. Cambridge. MA. Harvard University Press，1992.

会资本与企业内部社会资本，其中外部社会资本是指个体（组织）外部的中、微观社会关系所形成的社会资本；企业内部社会资本是个体（组织）内部存在的社会关系的总和。2005 年，英克潘（Inkpen）和曾（Tsang）两位学者提出，企业内部社会资本能够促进部门间的交流与合作①。2000 年，伯特提出企业内部社会资本是以网络、信任和规范为基础的②。类似地，2008 年，张方华从资源获取能力的角度界定了企业内部社会资本，而这种能力是建立在信任和规范基础上的，认为企业的社会资本可以增加企业内部各部门的信任与合作程度③。

综合上述观点，本书中将企业内部社会资本界定为，是指企业内部成员、部门等个体之间存在的社会关系网络，这种关系网络中蕴含着有助于企业内部成员及企业本身实现目标的隐性和显性资源。

关于企业内部社会资本的维度划分，学者普特南（Putnam）提出社会资本包括网络、规范和信任三个方面④；纳哈皮特（Nahapiet）和戈沙尔（Ghoshal）两位学者把社会资本分为结构式嵌入、关系式嵌入和认知性嵌入三个维度。其中，结构式嵌入指的是网络凝聚力和网络结构形式，关注组织内部门间及上下级之间的密切沟通和配合；关系式嵌入包含内部信任和组织认同两个方面，内部信任主要是组织中部门内部、部门之间、上下级之间的相互坦诚和信息共享，组织认同则侧重于“我为成为组织中的一员”而感到的骄傲和归属感；认知性嵌

---

① A. C. Inkpen，E. W. K. Tsang，“Social Capital，Networks，and Knowledge Transfer”，*Academy of Management Review*，2005，30（1）：122-130.

② R. S. Burt，“The Networks Structure of Social Capital”，*Research Organizational Behavior*，2000，22：345-423.

③ 张方华：《企业社会资本与技术创新绩效概念模型与实证分析》，《研究与发展管理》2006 年第 3 期。

④ R. D. Putnam，“Bowling Alone：America's Declining Social Capital”，*Journal of Democracy*，1995，6（1）：125-163.

入主要包括共享语言和共同愿景[①]。我国学者孙晓华和杨涛、欧阳斐等在实证研究中也沿用了这种维度划分方式。结合本书的研究情境，笔者在已有研究的基础上，对企业内部社会资本的维度进行了整合，重新划分为认知维度和社会维度两个维度，其中，认知维度主要是指组织认同；社会维度则是指组织中成员间、部门间的内部社会关系及其亲密程度，包括网络结构、网络凝聚力，以及共享语言与共同愿景。

具体而言，认知维度关注的是组织认同，是组织成员对特定的组织身份状态来定义自我或产生归属于某一组织的知觉[②]。组织认同不是简单的物质交换能够实现的，它能满足员工获得尊重和实现价值的心理需求，是员工对组织的归属感[③]。组织认同感较高的员工，在了解组织文化、战略、使命和制度后，会更倾向于履行组织承诺，拥有更高水平的自豪感，对组织的忠诚度也更高[④]。基于此，本书将企业内部社会资本的认知维度定义为：组织成员对于其所在的组织在价值观、行为准则等多方面的一致性，以及由此产生的心理层面的归属感和依赖感。

社会维度关注的是组织中人与人之间的关系以及亲密程度。具体在企业信息化转型的情境下，学者们逐渐意识到信息技术与业务的融合水平不但与企业的基础架构、信息技术本身的技术先进性与兼容性等“硬性”指标有关，而且与人和人员间的关系等“软性”指标密切相关。于是，相关研究者开始关注企业信息技术深度融合过程中人的因素所发挥

---

① J. V. Nahapiet，S. Ghoshal，“Social Capital，Intellectual Capital，and the Organizational Advantage”，*Academy of Management Review*，1998，23（2）：323-370.

② B. E. Ashforth，F. Mael，“Social Identity Theory and the Organization”，*Academy of Management Review*，1989，14（1）：20-39.

③ 唐秀丽、辜应康：《强颜欢笑还是真情实意：组织认同、基于组织的自尊对服务人员情绪劳动的影响》，《旅游学刊》2016 年第 1 期。

④ 周雪芳：《变革型领导对员工创新行为的影响研究——兼论组织认同与自我效能感的作用》，《经营与管理》2024 年第 1 期。

的重要作用，社会维度的概念由此诞生。社会维度最早由赖希和本巴斯特在 1996 年提出，用以描述业务部门与信息技术部门理解并效忠于彼此使命、目标和计划的状态。具体包括信息技术与业务部门的沟通与交流，知识分享以及制订计划时彼此的参与程度等①。社会维度有助于减少组织对信息技术认识隔阂，使信息技术与业务部门人员在彼此认知态度达成一致，从而促进信息技术与业务目标的一致性。

表 4.1　社会维度影响企业信息技术深度融合的实证研究汇总

作者 / 年份	操作化定义	研究结论
Chan 等（2006）	信息技术与业务部门间分享知识	社会维度显著地正向影响战略融合
Armstrong 和 Sambamurthy（1999）	业务高管的信息技术知识	社会维度对企业信息技术深度融合的影响不显著
Chen（2010）	信息技术与业务部门间的沟通成熟度与合作关系成熟度	社会维度显著地正向影响企业信息技术深度融合
Fink 和 Neumann（2009）	信息技术与业务部门间分享知识	社会维度显著地正向影响企业信息技术深度融合
Heim 和 Peng（2010）	信息技术与业务部门间的合作伙伴关系	社会维度显著地正向影响战略融合
Gottschalk 和 Solli-Saether（2001）	信息技术与业务部门间共同参与彼此计划制订	社会维度不总是显著地正向影响战略融合
Huang（2009）	信息技术与业务部门间的合作伙伴关系	社会维度显著地正向影响战略融合
Kearns 和 Lederer（2003）	信息技术与业务部门间共同参与彼此计划制订	社会维度显著地正向影响企业信息技术深度融合
Kunnathur 和 Shi（2001）	信息技术与业务部门间的合作伙伴关系	社会维度显著地正向影响企业信息技术深度融合
Lai 等（2009）	信息技术与业务部门间的信任和承诺	社会维度显著地正向影响企业信息技术深度融合

资料来源：作者根据已有文献整理。

① C. P. Armstrong，V. Ramamurthy，“Information Technology Assimilation in Firms：The Influence of Senior Leadership and IT Infrastructures”，*Information Systems Research*，1999，10（4）：304-327.

表4.1汇总了关于社会维度的相关研究，通过表4.1可以看出，已有研究在对社会维度进行操作化定义时，主要关注信息技术与业务部门在制订计划过程中的联系、知识共享、沟通与交流等合作伙伴关系等。基于此，本书在已有研究的基础上，将企业内部社会资本的社会维度定义为：信息技术与业务部门在利用信息技术获取竞争优势的过程中，密切配合、广泛交流，共享知识，并最终实现理解并效忠于彼此使命、目标和计划的状态。

三、中介因素之间的作用关系探索

前文在对企业低碳文化的一般作用路径和企业信息技术深度融合驱动因素框架的双重推导的基础上，结合企业文化理论、利益相关者理论和场动力理论的基本思想，认为信息技术治理和企业内部社会资本有可能成为低碳文化对企业信息技术深度融合的关键路径。为了更加深入地揭示低碳文化对企业信息技术深度融合影响的内在过程，本书接下来对信息技术治理与企业内部社会资本的作用关系展开研究，这也有利于从行为视角揭示信息技术治理对企业信息技术深度融合的作用机理。

利益相关者理论为公司治理提供了新的研究视角，将与企业的生存和发展密不可分的各个利益相关者纳入公司治理框架，在平衡利益相关者权益的基础上，实现企业价值的最大化。信息技术治理是公司治理的子集，公司治理的核心原则在信息技术职能上的具体体现逐渐演变成信息技术治理的核心原则。也就是说，信息技术治理原则受到公司治理原则的引导和制约[①]。信息技术治理的核心在于通过协调信息技术部门与

① V. Sambamurthy, R. W. Zmud, “Arrangements for Information Technology Governance: A Theory of Multiple Contingencies”, *MIS Quarterly*, 1999, 23 (2): 261-290.

业务部门职能间各个利益相关者的关系，整合利用信息技术资源，促进信息技术与业务目标保持一致性水平，实现企业价值的最大化。已有研究只关注了信息技术治理对理性（知识）维度的信息技术与业务战略融合的影响，忽视了信息技术治理作为企业与信息技术相关的顶层制度设计，对社会维度的信息技术与业务部门之间合作关系和交互行为的影响。图 4.2 描述了信息技术治理与社会维度之间的作用关系。信息技术治理是企业在信息技术方面的顶层设计，构建了实现信息技术价值的约束和激励规则，信息技术与业务部门在既定的规则下实施具体的行动。信息技术治理的组织、流程和关系机制通过有效引导、约束和激励信息技术部门与业务部门之间的沟通与互动行为，将有效提升信息技术与业务部门对彼此使命、目标和计划的理解和承诺的水平。

（一）信息技术治理的组织机制对企业内部社会资本的社会维度影响的理论分析

利益相关者理论认为，企业应追求利益相关者的整体利益。信息技

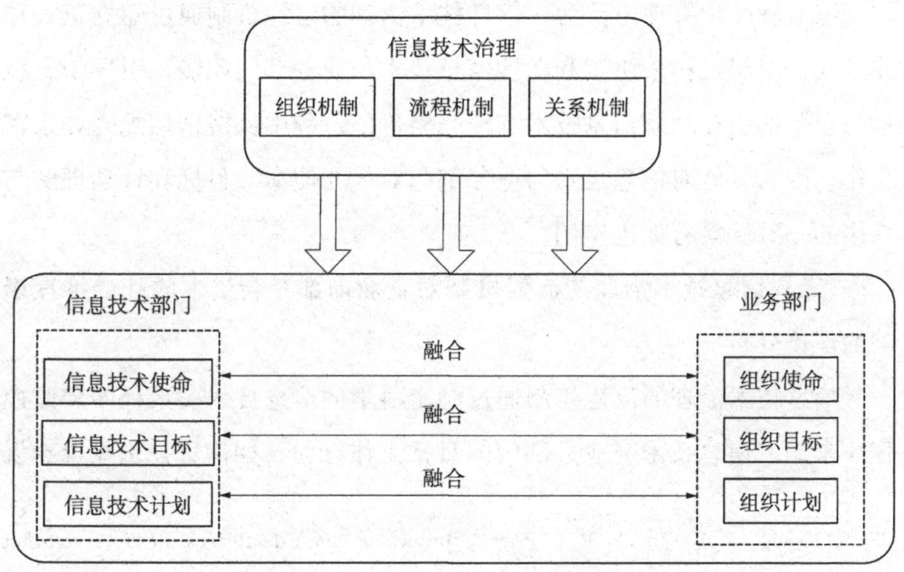

图 4.2　信息技术治理与企业内部社会资本之间的作用关系示意图

术治理的组织机制制定负责信息技术决策的组织结构和角色，用于协调和衔接信息技术与业务部门职能，如信息技术架构委员会、信息技术指导委员会、信息技术战略委员会等，通过保护利益相关者的权益，实现企业价值的最大化。信息技术与业务部门间利益的共赢为部门之间的合作行为奠定了基础。以信息技术指导委员会为例，信息技术指导委员会主要负责配置信息技术相关资源，确立信息技术项目在投资方面的优先权，同时监督信息技术项目的日常管理和交付。信息技术指导委员会被认为是协调信息技术相关决策与组织战略、操作优先级之间关系的有效治理机制之一①。这是因为，信息技术指导委员会的成员均为企业高层管理者，他们同时掌握信息技术与业务的战略和关注重点，因而可以很好地处理信息技术与业务部门之间的关系，从而减少信息技术与业务部门之间的冲突和摩擦。与此同时，信息技术指导委员会成员不仅包含业务经理，而且包含 CIO，这将为信息技术与业务部门之间的紧密合作提供了良好的机会。

综上所述，有理由认为，信息技术治理的组织机制通过建立正式和非正式的组织机构来协调和衔接信息技术与业务部门职能，引导信息技术与业务部门在利用信息技术实现战略价值过程中保持密切配合和亲密合作，因而可能对信息技术与业务部门对彼此使命、目标和计划理解与承诺的一致性具有促进作用。

（二）信息技术治理的流程机制对企业内部社会资本的社会维度影响的理论分析

信息技术治理的流程机制通过制定科学的信息技术决策程序和监控程序来约束信息技术与业务部门的日常工作行为，如信息技术投资建议

① R. Huang，R. W. Zmud，R. L. Price，“Influencing the Effectiveness of IT Governance Practices Through Steering Committees and Communication Policies”，*European Journal of Information Systems*，2010，19（3）：288-302.

与评估流程、信息技术战略规划流程，以及利用包括COBIT、ITIL在内的工具和方法对信息技术规划、实施、交付和监控的流程，这为两部门之间的合作关系提供了行为规范。以信息技术平衡记分卡为例，信息技术平衡记分卡被证明是促进信息技术与业务深度融合最有效手段之一，其应用基础是组织内能够就信息技术的价值达成共识，并建立包括信息技术人员和业务人员在内的工作组，各级管理人员积极参与到信息技术绩效的管理过程中。这将促进信息技术与业务部门工作内容的交叉及在日常工作中的交流与沟通，在组织中树立统一的信息技术价值观。

综上所述，有理由认为，信息技术治理的流程机制通过制定制度化的战略性信息技术决策程序及监督程序，增加了信息技术与业务部门沟通和交流的机会，有助于形成统一的信息技术价值观，因而可能对信息技术与业务部门对于彼此使命、目标和计划理解和承诺的一致性具有促进作用。

（三）信息技术治理的关系机制对企业内部社会资本的社会维度影响的理论分析

场动力理论认为，组织氛围能够预测成员行为。组织氛围是成员对组织环境的共同知觉和体验，信息技术治理的关系机制制定确保信息技术与业务人员积极参与以及两个部门之间合作关系的机制，如合作激励机制、冲突解决机制、信息技术政策的培训与传播等，将营造出鼓励深化信息技术应用、崇尚开放创新的组织氛围，对于信息技术与业务人员彼此共享知识和交流经验等互动行为具有较好的预测作用。具体而言，一方面，合作激励机制将促进信息技术与业务部门之间进行沟通、交流和知识分享的意愿，建立部门间合作伙伴关系，同时，冲突解决机制能够有效地进行冲突管理，确保信息技术与业务部门之间的合作关系能够长期保持。另一方面，通过跨部门的信息技术培训、岗位轮换等方式，能够增加信息技术与业务人员对彼此工作内容的熟知程度，从而降低双方的沟通成本，提高沟通效率。

综上所述，有理由认为，信息技术治理的关系机制通过建立确保高层管理者、信息技术与业务管理人员的积极参与，以及厘清他们之间合作关系的正式和非正式的沟通与反馈机制，将促进信息技术与业务部门之间的互动，因而可能提升信息技术与业务部门对于彼此使命、目标和计划理解和承诺的一致性水平①。

第二节　低碳文化影响企业信息技术深度融合的理论模型

上节基于低碳文化的一般作用路径和企业信息技术深度融合驱动因素的双重推导，识别了低碳文化影响企业信息技术融合的关键路径。本节将结合现有理论，对低碳文化、信息技术治理、企业内部社会资源和企业信息技术融合之间的理论逻辑进行深入阐释和分析，并构建理论模型。

根据企业文化理论，文化的形成使企业员工有了共同的价值观念，企业文化建设是解决思想转轨的决定力量。一方面，企业低碳文化以提高企业生态经济综合效益为目标，主张在其发展战略、经营决策、生产组织、技术创新、产品研发、市场营销和环境控制等全环节实施绿色化管理理念②。而企业的信息技术深度融合天然具有"低碳"发展的基因，信息技术与企业的业务通过基础架构融合、流程融合和战略融合三

① K. K. Asante，*Information technology (IT) strategic alignment: A correlational study between the impact of IT governance structures and IT strategic alignment* [D]. Minneapolis：Capella University，2010.

② 石爽：《中国石化绿色企业文化建设研究》，大庆石油学院博士学位论文，2010 年。

个方面，不仅带动了生产经营资料的电子化，还促进了生产关系的变革，这种转型和变革共同作用于绿色低碳经济发展模式，成为实现“双碳”目标的“金钥匙”①。因此，主张低碳文化的企业会更乐于采纳新兴信息技术，期望通过企业信息化、数字化转型来帮助企业实现低碳化发展。另一方面，根据复杂适应系统理论，企业信息技术深度融合本质上是企业各层面的适应性主体在行为规则指导和约束下，通过持续地进行主体之间、主体与环境之间交互，不断学习和掌握跨界知识，促进系统持续演化的过程。企业低碳文化将影响适应性主体行为规则的制定，在将持续发展、兼容、开放作为核心价值观的企业中，各个层面的信息技术与业务部门适应性主体更加热衷于交互和学习，从而实现系统的整体发展，促进企业信息技术融合水平的不断提高。可见，低碳文化对企业信息技术深度融合的基础架构融合、流程融合和战略融合三个维度均具有积极影响。

根据利益相关者理论，信息技术治理通过对信息技术的顶层制度安排，保障信息技术实现战略性业务价值的同时有效规避与信息技术相关的风险，从而帮助企业获取竞争优势，最终达到保护利益相关者的权益的目的。基于信息技术治理效果的视角，本书从信息技术治理的组织机制、流程机制和关系机制三个方面对其展开研究。其中，信息技术治理组织机制通过设置 CIO 职位，以及建立信息技术架构委员会、信息技术指导委员会等非正式的组织机构，明确各方参与者的角色、责任和权力分配，解决信息技术与业务部门之间职能的衔接和协调的问题，使双方的利益得到保障。信息技术治理的流程机制通过正式的制度设计保障信息技术与业务聚焦于共同的方向，对企业信息技术过程全生命周期进行监控与评估，纠正与企业战略相背离的信息技术治理环节，确保组织

① 韦帅民：《数字经济与制造业低碳转型的理论与经验证据》，《技术经济与管理研究》2023 年第 12 期。

利益的最大化[①]。信息技术治理的关系机制通过建立促进业务与信息技术部门之间合作关系的激励机制和有效的冲突解决机制，有助于信息技术与业务部门经理对于彼此的使命、目标和计划有更加深入的认识和理解，这对于提升企业信息技术与业务的深度融合水平具有重要意义。

根据绿色发展理论，企业将“绿色＋发展”作为核心要义，因而具有低碳文化的企业将一切能够推动企业绿色化转型和低碳发展相关的客观事物看得尤其重要。首先，低碳文化推动企业将信息技术看作重要的战略性资源，将信息技术治理相关议题与其他战略议题一起列入董事会议程，通过信息技术治理的组织机制保障了信息技术在组织中的战略地位。其次，信息技术治理流程机制强调信息技术与业务经理共同整合信息技术与业务决策、实施及监控决策执行过程，信息技术与业务经理的学习能力越强，信息技术治理的流程机制取得的效果越显著，低碳文化能够推动组织成员不断学习新的低碳发展知识、工具和技能，并通过持续学习不断优化治理效果。最后，低碳文化崇尚低碳发展相关知识和信息在组织内的自由流动，鼓励跨部门之间的横向和纵向沟通与交流，这将有利于建立业务部门与信息技术部门之间的合作伙伴关系，提升信息技术治理关系机制的实施效果。可见，低碳文化对于提升信息技术治理水平具有重要作用。

借鉴场动力理论的核心思想，组织氛围能够充分地反映组织成员的生活空间，因而对成员行为具有决定性作用。我们通过研究企业文化的形成和发展规律可以发现，企业内部社会资本的形成、积累与企业文化是密不可分的，两者之间通过“信任”进行连接。低碳文化以企业社会责任理论为基础，是一种符合社会价值观、积极向上的健康文化，代表

---

① 陈婧、吴礼龙、刘发蔚等：《企业 IT 治理机制架构与模式设计》，《情报杂志》2009 年第 1 期。

着企业及企业中的员工愿意承担更多的社会责任，同时，重视内部个体成员之间的长远关系，从而更容易得到员工的认可和推崇，增加员工间的组织认同感。同时，这种认同感进一步促进了企业内各个部门间相互的交流频次，通过鼓励信息技术部门与业务部门间的合作与交流，增加了参与到彼此战略计划制订过程的机会，这将有助于双方就彼此的目标、计划与使命达成一致，进而促进信息技术与业务部门间的相互信任，最终增加了企业的内部社会资本。由此可见，低碳文化对于企业内部社会资本的积累具有重要的促进作用。

业务与信息技术部门之间共享知识、相互理解和承诺关系的提升将有助于促进信息技术与业务在战略上达成一致。通过信息技术与业务部门在融合过程中的知识整合行为，使 CIO 与企业高层管理团队都增加了对于彼此领域知识的储备量①，这将有利于他们在制定信息技术与业务战略规划时达成共识，进而提升信息技术与业务在战略上的一致性，提升企业信息技术深度融合水平②。可见，企业内部社会资本的社会维度对于提升企业信息技术深度融合水平至关重要。

综上所述，本书构建理论模型如图 4.3 所示，认为低碳文化对企业信息技术融合的基础架构融合、流程融合和战略融合均具有积极影响；信息技术治理和企业内部社会资本是低碳文化影响企业信息技术深度融合的关键路径；其中，在企业内部社会资本中，认知维度会正向影响社会维度；信息技术治理的组织、流程和关系机制均对企业内部社会资本的社会维度具有积极影响。下一节将针对各变量之间的关系进行逐一论述，并提出研究假设。

---

① G. S. Kearns，A. L. Lederer，“A Resource-Based View of Strategic IT Alignment：How Knowledge Sharing Creates Competitive Advantage ”，*Decision Sciences*，2003，34（1）：1-29.

② M. Broadbent，P. Weill，“Improving Business and Information Strategy Alignment：Learning From the Banking Industry”，*IBM Systems Journal*，1993，32（1）：162-179.

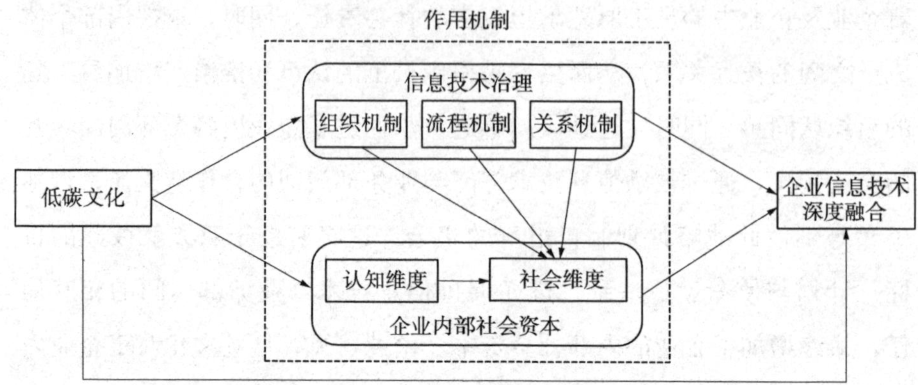

图 4.3　低碳文化对企业信息技术深度融合影响的理论模型

第三节　低碳文化影响企业信息技术深度融合的研究假设

一、低碳文化与企业信息技术深度融合之间关系的研究假设

信息技术与业务的深度融合能够促进企业的信息技术投资与应用更加具有规划性和目的性，从而创造战略性的商业价值，帮助企业提高经营绩效①。企业信息技术深度融合是新技术嵌入组织的过程，其不是一个单纯的技术过程，不仅涉及从战略到流程等多方面的重塑与变革，还涉及人员职责权力、沟通与交互行为等多方面内容，是一个复杂的"社会—技术"过程。在这个过程中，将打破组织原有的平衡，甚至造成部门之间新矛盾的出现。从企业层面来讲，低碳文化的核心在于通过技术创新、流程再造、行为模式变革等方式推动企业的绿色化、低碳化转型和发展，引入并深化应用信息技术推动企业变革。尽管可能触发许多困

① M. E. Mekawy，L. Rusu，E. Perjons，"An Evaluation Framework for Comparing Business-IT Alignment Models：A Tool for Supporting Collaborative Learning in Organizations"，*Computers in Human Behavior*，2015，(51)：1229-1247.

难和矛盾，但信息化、数字化转型涉及信息传输、数据采集、数据分析技术流程优化等一系列工作，可以促进企业资源配置效率与产品质量的提高，帮助企业达到节约资源、降低运营成本和增加经济效益的目的。因此，推崇在低碳文化的企业中对于引入信息技术的阻力较小，对于可能发生的信息技术引入潜在风险的抵御能力更强，因而信息技术与业务的融合水平更高。从组织成员的角度来讲，低碳企业文化的推行提升了员工的环保素养和知识水平，有助于增强组织员工深层次使用信息技术的意愿，这种积极的文化能够促进员工利用信息技术改变原有的工作方式，通过更加高效的低碳工作方式获得组织的认可。基于此，本书认为，低碳文化能够促进企业信息技术深度融合。提出如下假设：

H1：低碳文化正向影响企业信息技术深度融合。

具体而言，首先，在基础架构融合方面，企业信息技术深度业务融合的基础架构融合维度关注信息技术硬件设施、软件系统质量与企业业务需求之间的融合程度，是企业利用信息技术获得竞争优势的重要基础。企业文化理论认为，文化影响企业资源的利用方式①，低碳导向的企业崇尚利用新的资源突破现有的规范来尝试新的替代方案或方法，因而更倾向于投入更多资源到与低碳行为有关的环节中去，以获取竞争优势。充足的资源投入是保障信息技术与业务基础架构融合的基础，当信息技术的硬件设施与软件系统的先进性、安全性、兼容性、可扩展性与覆盖程度能够满足企业当前和规划时期内的业务需求时，企业信息技术与业务的基础架构融合可以达到较高水平。

信息技术与业务的深度融合是实现业务创新的必备要素，技术创新带动企业业务形态的改变，因此，企业信息技术架构的整体规划既要考

① T. D. Anderson，“The 4Ps of Innovation Culture：Conceptions of Creatively Engaging with Information”，*Information Research An International Electronic Journal*，2013，18（3）：965-991.

虑全局性，又要在灵活性与稳定性之间进行权衡。低碳文化鼓励员工不断试验新的方法，通过技术创新来带动企业绿色化转型，让员工充分体会到企业是充满活力的，并与外部环境的变化保持同步，这将养成员工更加灵活的思维方式，克服思维的局限性，面对新技术保持更加开放的态度，进而有效减少员工对于新技术的恐惧和对不确定性的焦虑。基于此，本书认为，低碳文化能够促进企业信息技术深度融合的基础架构融合。提出如下假设：

H1a：低碳文化正向影响基础架构融合。

其次，企业信息技术深度融合的流程融合维度关注信息技术与企业生产流程、管理流程之间融合的程度，是企业信息技术投资的基本目标，也是利用信息技术提高绩效的重要手段。流程的重组和变革除了依赖于组织的合理规划和强势推进外，更重要的是说服员工改变已有的工作方式。企业通过将信息技术与业务流程深度结合从而实现流程再造的过程本质上涉及的是价值观念的“重组”，低碳价值观念将有助于推进这一重组过程，通过鼓励员工在工作中利用新技术、开发新方法，有效调动组织成员利用信息技术实施低碳创新活动的积极性和主动性，愿意尝试通过信息技术改变原有的工作方式和方法，提升企业信息技术与业务的流程融合水平。低碳文化营造出一种有利于开展技术创新和流程再造以实施低碳活动的组织氛围，这将有利于企业利用现代信息技术对生产流程和管理流程进行彻底的规划和再设计，通过对技术、人员、分工的重组来提高企业的运作效率和核心能力。企业以信息化、数字化转型为手段，将生产、管理、营销等各个业务流程进行重塑和再设计，提升各环节运行效率，大幅度降低生产成本并提升效能和资源利用效率，以降低对环境的影响程度。基于此，本书认为，低碳文化能够促进企业信息技术深度融合的流程融合。提出如下假设：

H1b：低碳文化正向影响流程融合。

最后，企业信息技术深度融合的战略融合维度关注信息技术愿景、使命与目标与业务愿景、使命与目标之间融合的程度，是企业深化应用信息技术的终极目标，是有效地利用信息技术来创造战略性业务价值的关键。在信息时代背景下，信息技术已经成为业务的重要组成部分，许多业务都依靠信息技术实现①。具备低碳文化的企业，往往具备超前的眼光，善于利用新技术，充分发挥信息技术在数据收集、分析、决策支持等方面的潜力，在信息技术有效支撑现有业务的同时，通过信息技术引领业务战略，发现新的价值增长点，建立领先于竞争对手的经营战略。利用信息技术引领业务实现商业价值，将会打破原有组织的均衡，带来部门之间新的矛盾，而在崇尚低碳文化的企业中，将会对这些矛盾具有更强的包容性，并且愿意以更具前瞻性的思维去积极地解决信息技术引领业务进行彻底变革的过程中遇到的困难和矛盾。面对复杂多变的市场环境与新技术短暂的生命周期的双重压力，低碳文化以更加长远的眼光看待持续出现的变化，不断促进其业务战略和信息技术战略的适应性调整，以保证二者间的一致性，通过信息技术与业务的战略融合使企业在竞争中获取领先优势。基于此，本书认为，低碳文化能够促进企业信息技术深度融合的战略融合。提出如下假设：

H1c：低碳文化正向影响战略融合。

二、低碳文化与信息技术治理之间关系的研究假设

低碳文化是一种具有时代特征的文化类型，是企业对于绿色化转型和可持续发展的基本态度，是一切低碳行为背后的动因。企业文化理论将文化的作用归纳为帮助组织适应环境和整合组织内部资源要素两个方

① 赵春雨：《IT 与业务融合探索》，2017 年 6 月 17 日，见 http://www.sohu.com/a/14977451-1_399582。

面，结合企业发展战略和外部市场的需求，企业对现有资源进行合理配置，通过顶层设计和管理运作来增强企业的整体竞争力。

信息技术治理是企业关于“如何利用信息技术获取竞争优势的”的整体框架设计，通过自上而下地全面考虑和协调信息技术与组织各要素间的关系，从而保障信息技术与企业战略目标达成一致，并将有效规避信息技术与业务深度融合的过程中的潜在风险。信息技术治理直观体现了企业整体的经营理念和价值偏好，具有低碳文化的企业将可持续发展视为企业生存和发展的根本，通过有效的体制机制设计，保障低碳活动的顺利实施。当企业的信息技术治理水平较高时，意味着企业设有专门的信息技术战略委员会、遵循规范的信息技术决策制定与监控流程，以及积极地通过各种机制促进信息技术与业务部门间的合作①。一方面，完善的制度安排框架体现了在低碳文化推动下，企业对于利用信息技术进行数字化转型实现企业低碳发展战略的高度重视；另一方面，对于信息技术投资与应用的科学化决策方法也符合低碳文化的价值观特点。由此可以推断，低碳文化将正向影响信息技术治理。并提出如下假设：

H2：低碳文化正向影响信息技术治理。

基于“文化情境—顶层制度设计—结果变量”的理论逻辑，本书提出低碳文化与信息技术治理之间影响关系的研究假设。格伦伯根和汉斯两位学者在2010年将信息技术治理划分为信息技术治理的组织机制、流程机制和关系机制，由于不同维度之间关注的内容重点不同，因此，本书将分别论述低碳文化对各维度的影响关系，并提出相应的研究假设。

信息技术治理组织机制重点在于建立负责信息技术决策的正式组织设计与责任担当框架。信息技术的决策权分布方式和信息技术资源的分配方式是决定信息技术有效性的首要因素，而低碳文化作为根植于企业

---

① 高皓、朱涛、张晶等：《中国企业IT治理机制的实证研究》，《科学学与科学技术管理》2010年第4期。

内部的核心价值观念和行为准则，将对与信息技术相关的组织结构起到积极的影响作用。

具体而言，首先，基于企业文化理论，文化影响企业的资源利用方式，崇尚低碳文化的企业更加重视信息技术在助推企业落实“双碳”目标方面的重要作用，将信息技术看作是企业宝贵的战略资源，将信息技术治理相关议题与其他战略议题一起列入董事会议程，这保障了信息技术治理的组织有效性。其次，格伦伯根和汉斯两位学者在2009年利用德尔菲法对能够促进信息技术与业务有机结合的相关机制进行研究，结果表明，CIO直接向CEO或者COO（Chief Operating Officer，首席运营官）的汇报结构是信息技术治理结构中最为有效的机制。低碳文化要求企业具有扁平化、高效的信息流通渠道。将CIO职位设置为企业的高层管理职位，有助于其他高层管理者快速掌握信息技术的最新动态。最后，低碳文化将有效促进组织内的新技术研发和知识分享，信息技术知识在组织内的自由流动和有意识的分享将促使企业的董事会成员掌握一定的信息技术知识，而董事会成员的信息技术知识与信息技术战略委员会、信息技术审计委员会三者共同被称为信息技术治理实践中的常用机制。

综上所述，低碳文化能够正向影响信息技术治理的组织机制。基于此，提出如下假设：

H2a：低碳文化正向影响信息技术治理组织机制。

信息技术治理流程机制重点在于，建立信息技术决策制定与监督的正式流程、技术与核心内容。崇尚低碳环保和可持续发展的低碳文化特征将为信息技术治理流程机制的制定和落地实施提供有力保障。

具体而言，首先，伴随着竞争环境的日趋激烈化和新型虚拟组织的出现，传统的层级式信息技术治理框架由于不能满足组织快速应对环境变化的需求而变得过时。面对这种情况，信息技术治理的流程机制需要嵌入跨越业务单元与信息技术单元的横向决策制定过程中，打通不同组织结构的边界①。这种流程机制要求企业具有明确的部门间的联系规则，任何一个流程环节的实现都需要其他环节的支持与配合。低碳文化则将这种通过节点之间的合作，实现全面和持续性的低碳活动作为推动企业绿色化转型的关键路径。可见，企业低碳文化将有效促进信息技术部门与其他业务部门间以流程为导向的密切合作。其次，布罗德本特（Broadbent）和威尔（Weill）两位学者在1998年指出，信息技术治理的流程机制强调信息技术与业务经理共同整合信息技术与业务决策、实施及监控决策执行过程，并通过持续学习不断优化治理效果②。因此，组织的学习能力，特别是信息技术与业务经理的学习能力，对于信息技术流程机制的作用发挥起着十分重要的作用。低碳文化有助于组织打破现有学习路径及惯例，促进对资源的重组和重构，通过推动组织变革提升组织的适应环境变化的能力。可见，低碳文化有助于优化信息技术的流程治理效果。最后，如前所述，本书在信息技术治理流程机制中融合了COBIT提出的关键控制域的思想，COBIT可以帮助企业高层进行信息技术治理，指导组织科学有效利用信息资源，是一套科学的信息技术控制框架。低碳文化最重要的是科学精神和企业家精神以及由此产生的道德规范、行为准则，具有低碳文化特征的企业崇尚以科学的方法对企业进行有效的管理，因此，在这类企业中，COBIT的核心思想更容易被扩散、传播和吸收。可见，企业低碳文化有助于保障COBIT提出的关键控制域思想的落地实施。综上所述，低碳文化能够正向影响信息技术治理的流程机制。基于此，本书提出如下假设：

H2b：低碳文化正向影响信息技术治理流程机制。

---

① 唐志豪、胡克瑾、计春阳：《IT治理与公司治理的互动性研究》，《科学学与科学技术管理》2008年第11期。

② M. Broadbent，P. Weill，“Management by Maxim：How Business And IT Managers Can Create IT Infrastructures”，*Sloan Management Review*，1997，38（3）：77-92.

信息技术治理关系机制重点在于，建立促进业务与信息技术部门之间的相互参与、沟通交流和知识共享的合作机制。学者彼得森（Peterson）于2004年提出，仅仅依靠有形的、命令式的组织机制和流程机制很难满足复杂动态环境下的信息技术治理需要，有必要加入无形的、有机式的关系治理作为互补机制，三者相互补充，共同发挥作用。

信息技术治理关系机制包含两方面内容：一是关系机制，通过建立合作关系机制和冲突避免机制促进利益相关者之间合作互动；二是沟通机制，制定促进信息技术治理相关政策有效传播的体制机制。企业低碳文化对信息技术治理关系机制的促进作用主要表现在：第一，价值观层面，具有低碳文化的企业通过理念的不断渗透使组织成员领悟到企业绿色低碳发展的战略意义，进而产生对企业价值观的认同感，表现出组织期望的低碳行为。这类企业善于发现和利用新技术，鼓励组织成员通过信息技术与业务部门之间的密切合作和有效沟通，通过信息技术与业务的有机融合帮助企业实现价值链的减排增效，进而获得可持续竞争优势。第二，行为准则方面，具有低碳型文化的企业重视部门间的多样化、多渠道的低碳技术交流模式，鼓励每个员工参与到低碳项目中去，这将为信息技术治理关系机制中关于信息技术与业务员工轮岗制度的顺利推进提供了有力保障。第三，人为饰物层面，具有低碳型文化的企业会将典型的低碳减排行为、名人逸事等在组织内部积极推广，以供更多的组织成员进行学习。关于信息技术治理的相关政策在实践中不断被检验，那些被证明是有效的政策、原则公告将被保留下来，并在组织中广为流传，促进信息技术治理关系机制的不断完善。

综上所述，低碳文化能够正向影响信息技术治理的关系机制。基于此，提出如下假设：

H2c：低碳文化正向影响信息技术治理关系机制。

三、信息技术治理中介作用的研究假设

面对竞争日趋激烈的市场环境，信息技术帮助企业增强生存能力的优势日益凸显。然而，信息技术的有效使用，在很大程度上依赖于良好的信息技术监督和制衡机制。信息技术治理不仅包含制度和流程，其关键内容是一套科学的能力发展框架。如果存在良好的信息技术治理机制，信息技术的业务价值更加能够充分发挥，通过与企业战略的有机结合，不断提高企业的核心竞争力的同时，有效规避潜在的信息技术相关风险。信息技术治理组织机制是一种保障组织成员对信息技术相关决策有共同理解的制度安排，当企业的信息技术治理机制不合理时，造成的结果可能是毁灭性的。有效的信息技术治理是保障信息技术在组织中实现战略性商业价值的首要因素。威尔和罗斯两位学者于 2005 年发表的研究成果表明：有效地设计和持续地沟通信息技术治理过程的企业比其竞争对手的信息技术投资回报率高出 40%。有效的信息技术治理将帮助企业充分利用信息技术，从而获得竞争优势。信息技术治理对企业信息技术深度融合的促进已经得到相关实证研究的支持，格伦伯根和汉斯两位学者于 2009 年提出，信息技术治理的组织、流程和关系机制正向影响企业信息技术深度融合。鞠平等于 2015 年检验了信息技术治理机制、企业信息技术深度融合与组织绩效之间的关系，结果表明，企业信息技术深度融合在信息技术治理与组织绩效之间起完全中介作用。结合前文所述观点，低碳文化有助于企业信息技术治理水平的提高。综合以上两方面内容本书提出，良好的信息技术治理机制是低碳文化促进企业信息技术深度融合的重要路径之一。基于此，提出如下假设：

H3：信息技术治理在低碳文化与企业信息技术深度融合关系中具有中介作用。

如前所述，信息技术治理组织机制是指信息技术决策制定的组织机

构，主要包括 CIO 职位的设置及汇报关系的安排，企业高层管理者在信息技术决策中的角色与职责，以及信息技术指导委员会、信息技术战略委员会等非正式组织的设置及其职责规定等。信息技术治理组织机制通过明确各方参与者的角色、责任和权力分配等问题，帮助企业实现信息技术与业务有机地融为一体。

具体而言，首先，信息技术指导委员会、信息技术架构委员会等组织均由企业的高层管理者组成，其主要任务是确保信息技术相关决策与组织的战略、运营和基础层面的优先级保持一致。这些非正式组织的存在使企业高层管理者以战略的眼光来审视信息技术价值，这对于信息技术战略价值的发挥至关重要①。其次，信息技术指导委员会、信息技术架构委员会等组织的成员既包括业务经理，又包括 CIO，这将有助于信息技术与业务部门在工作中紧密合作、交流知识、加强联系，从而提升信息技术与业务战略的一致性水平②。最后，信息技术治理的组织机制明确了 CIO 的汇报关系，CIO 直接向 CEO 或者 COO 汇报，这不仅将强化组织的高层领导对信息技术的全面认识，而且也有利于 CIO 从全局、整体的视角出发来看待组织的信息技术相关问题，加深了 CIO 对企业愿景的认识，从而站在企业战略发展的角度去思考信息技术部署的相关问题。

由此可见，信息技术治理组织机制通过组织机构和职责、角色和权力的安排，将业务管理和信息技术管理职能有机地衔接在一起，确保了信息技术与业务战略方向的一致性，从而提升了企业信息技术深度融合水平。结合前文所述，低碳文化作为根植于企业内部的核心价值观念和行为准则，对信息技术治理的组织机制起到积极的影响作用。可以推

① A. Prasad，P. Green，J. Heales，“On IT Governance Structures and Their Effectiveness in Collaborative Organizational Structures”，*International Journal of Accounting Information Systems*，2012，13（3）：199-220.

② C. K. Williams，E. Karahanna，“Causal Explanation in the Coordinating Process：A Critical Realist Case Study of Federated IT Governance Structures”，*MIS Quarterly*，2013，37（3）：933-964.

断，企业低碳文化通过提升信息技术治理组织机制水平，正向影响企业信息技术深度融合。基于此，提出如下假设：

H3a：信息技术治理组织机制在低碳文化与企业信息技术深度融合关系中具有中介作用。

如前所述，信息技术治理的流程机制主要是制定制度化的信息技术战略性决策、制定程序和信息技术决策监控程序，包括信息技术投资建议与评估流程、信息技术架构例外流程、COBIT 关键控制域等。信息技术治理的流程机制通过正式的制度设计，保障信息技术与业务在战略层面上保持一致性，聚焦于共同的方向，利用信息技术提升企业的竞争优势。

具体而言，第一，正式的信息技术投资建议与评估流程有助于 CIO 理清信息技术活动与企业目标之间的关系，深入理解业务需要，将信息技术活动作为企业价值实现的必要组成部分进行识别，结合企业发展战略合理安排信息技术投资额度和优先权等内容，从而将信息技术与企业的战略规划有机结合。通过建立科学完善的指标体系来量化考评企业信息技术资源的使用情况，从而精准地掌握信息技术治理的实际效果与预先设定目标之间的差距，这将有益于企业不断地完善信息技术治理体系，更好地把握信息技术与企业目标之间的关系。第二，COBIT 是一个基于控制的信息技术治理框架，每个关键控制域都有各自明确的控制目标及其所涵盖的功能范围，将信息技术过程划分为信息技术规划与组织、系统建设与实施域、交付与支持和监控与评估四个控制域。通过对企业信息技术过程全生命周期的监控与评估，及时应对突发事件，纠正与企业战略相背离的信息技术治理环节，确保信息技术在运营和战略层面与企业目标的一致性①。

---

① D. Bareja 著，王启译：《COBIT 框架：灾难恢复计划的重要标尺》，https://searchdatacenter.techtarget.com.cn/9-18516/，2017-06-17。

由此可见，信息技术治理的流程机制通过制定科学的信息技术投资规划、评估与监控流程，保障信息技术与业务在基础层面、运营层面和战略层面的一致性，通过信息技术与业务的有机融合实现企业的战略价值。因此，信息技术治理流程机制有助于提升企业信息技术深度融合水平。结合前文的论述，低碳文化正向影响信息技术治理的流程机制。综上所述，低碳文化通过提升信息技术治理流程机制水平，正向影响企业信息技术深度融合。基于此，提出如下假设：

H3b：信息技术治理流程机制在低碳文化与企业信息技术深度融合关系中具有中介作用。

如前所述，信息技术治理关系机制是为促进企业高层管理者、信息技术与业务经理的积极参与，以及他们之间合作关系的机制。通过建立促进业务与信息技术部门之间合作关系的激励机制和有效的冲突解决机制，使信息技术与业务高层管理者理解彼此的角色和责任分工，进而确保信息技术目标与业务目标的一致性。具体而言，信息技术治理的关系机制通过跨部门的业务与信息技术培训、岗位轮换等制度设计，加深了业务人员对信息技术战略价值的理解和认知，掌握了更多的信息技术知识①；同时，也有助于信息技术人员对于组织目标和战略的解读，这对于信息技术与业务在战略、运营和基础层面保持一致性具有十分重要的意义。

可见，信息技术治理的关系机制通过加深信息技术与业务部门之间对于彼此知识的掌握程度、强化对于彼此目标和使命认知的一致性，能够有效提升企业信息技术与业务的深度融合水平。结合前文的论述，低碳文化对信息技术治理关系机制具有正向的影响作用。可以推断，低碳

---

① J Karimi，A. Bhattacherjee，Y. P. Gupta，et al.，“The effects of MIS steering committees on information technology management sophistication”，*Journal of Management Information System*，2000，17（2）：207-234.

文化通过提升信息技术治理关系机制水平，正向影响企业信息技术深度融合。基于此，提出如下假设：

H3c：信息技术治理关系机制在低碳文化与企业信息技术深度融合关系中具有中介作用。

四、低碳文化与企业内部社会资本之间关系的研究假设

企业内部社会资本是企业内部存在的社交关系网络及其中蕴含的潜在资源，这些资源有利于形成企业内部成员之间的信任与合作，可以作为各部门之间的沟通协调工作的润滑剂。企业内部社会资本虽然隐含于内部的关系网络当中，难以测量和察觉，但是这种无形资源可以在企业成员内部网络中形成强大的推动力，帮助企业实现目标。企业内部社会资本的核心是组织认同、成员间的信任、共同愿景和密切交流等亲密关系，而这些核心要素都是以企业文化为基础的。拥有健康文化的企业往往能够让组织成员感知到本企业拥有和睦的组织氛围、流畅的价值创造过程以及美好的发展前景等，有助于企业内部成员间建立信任、密切交流和合作的良好组织关系。企业低碳文化即是这样一类健康的文化类型，低碳文化要求企业在生产过程和经营过程中严格把控质量关，使产品和生产流程都符合节能、低碳、环保的要求，同时低碳文化还倡导企业关爱社会的可持续发展，注重与企业的利益相关者建立长远关系，这有助于提升企业内部成员的道德水准，增强企业内部的凝聚力，从而促进企业内部社会资本的形成和发展。基于此，提出如下假设：

H4：低碳文化正向影响企业内部社会资本。

如前所述，企业内部社会资本的认知维度核心内容是组织成员的组织认同。组织认同是一个能够影响组织内所有成员行动的集体认知框

架，它要求组织成员能够认同企业价值观①。组织认同能够使企业成员明晰组织环境保护目标与行动之间的相互关系，创建一种共享的思维范式②。“双碳”目标的提出对我国企业转型与创新行为产生持续影响，绿色低碳转型升级和可持续发展成为企业高质量发展的必由之路。在这一情境下，企业低碳文化体现了企业对于自身经济发展与环境保护的根本态度，是企业崇尚生态价值、绿色环保、秉持可持续发展理念的文化，终极目标在于促进人与自然、社会的全面、协调和可持续发展。这种价值主张顺应了国家“双碳”目标发展战略，促使企业和员工在节能减排技术研发、流程优化、减少资源浪费和环境污染等方面持续投入大量的精力，在这一过程中组织成员会加深对于“绿色组织”“可持续发展”的理解，促进组织成员提升环保意识，对企业低碳文化的认可度进一步提升，并会为自己成为绿色组织中的一员而感到骄傲，归属感和价值观随之提升，从而提升组织认同感。基于此，提出如下假设：

H4a：低碳文化正向影响企业内部社会资本的认知维度。

如前所述，企业内部社会资本的社会维度指的是组织成员间的共同愿景和密切关系。在本书的研究情境中，侧重于信息技术部门与业务部门在利用信息技术获取竞争优势的过程中，密切配合、广泛交流，最终实现理解，并效忠于彼此使命、目标和计划的状态。可见，社会维度强调在信息技术与业务融合的过程中人的作用，关注信息技术与业务部门之间的沟通与交流、在制定信息技术与业务战略规划时彼此的参与程度，以及在这一过程中的知识共享问题。

---

① S. Albert，D. A. Whetten，“Organizational Identity”，*Research in Organizational Behavior*，1985：263-295.

② 高林林：《绿色组织认同、绿色双元创新与绿色竞争优势》，山西财经大学博士学位论文，2019 年。

根据企业文化理论，文化在理解成员互动现象和行为方面具有很强的解释力。文化是控制组织发展方向的具象工具①，由价值观引申出的行为规范引导组织成员认知“什么是正确行为”，促使组织成员对企业价值观和经营哲学产生认同和承诺，做出组织所赞赏的决策和行为。与此同时，场动力理论提出，组织成员对组织氛围的感知对其行为具有决定性作用。组织文化是组织氛围形成的必要条件，可见，特定的文化决定特定的行为表现。

低碳文化作为一种具有时代先进性的企业文化类型，将企业与环境协调发展作为企业根本，鼓励员工在工作中利用新技术、开发新方法进行绿色转型，并为节能减排新想法的实施积极提供场地与技术支持。这将有效调动组织成员利用信息技术实施低碳创新的积极性和主动性，愿意尝试通过信息技术改变原有的工作方式和方法。同时，低碳文化通常鼓励部门间的沟通交流与知识分享，开放的组织氛围降低了跨部门沟通的成本，员工愿意主动地将自身掌握的知识和使用信息技术的心得与他人进行交流，也促进信息技术部门与业务部门的合作伙伴关系，有更多的机会相互参与彼此的规划制定过程。卡瓦列埃（Cavaliere）和隆巴迪（Lombardi）于2015年发表的研究结果表明，积极向上的文化能够激发员工知识共享的积极性和主动性，有利于员工间隐性知识的分享。信息技术部门与业务部门之间密切的合作关系和频繁的知识共享将有助于双方就彼此的目标与使命达成一致。综上所述，低碳文化能够正向影响企业内部社会资本的社会维度。基于此，提出如下假设：

H4b：低碳文化正向影响企业内部社会资本的社会维度。

---

① 张莉莉：《组织文化对于组织成员作用机制研究——借鉴催化动力学方法》，北京交通大学博士学位论文，2012年。

五、企业内部社会资本中介作用的研究假设

企业信息技术深度融合是信息技术与业务两者间通过不断磨合，变成一个有机统一体的过程。在其形成过程中主要有两方面特征：一是信息技术充分反映企业当下的业务需要；二是企业业务战略充分体现了信息技术的价值。这要求信息技术和业务的战略制定者对于彼此的使命、目标和角色都有清晰的认识和深刻的理解。

企业在利用信息技术获得竞争优势过程中的知识整合行为，能够有效提升企业信息技术深度融合水平。具体来说，一方面，通过 CIO 与 CEO 之间的知识整合，使 CIO 与企业高层管理团队都增加了对于彼此领域知识的储备量，这将有利于他们在制定信息技术与业务战略规划时达成共识，进而提升信息技术与业务在基础架构、流程和战略层面上的一致性；另一方面，伴随着近几年新兴技术的高速发展，信息技术在组织中的角色已经由支持业务战略逐步转变为引领业务战略，通过信息技术与业务部门间的紧密配合，能够让高层管理团队更多地掌握信息技术的发展动态，以便及时调整公司战略，保持业务与信息技术的动态一致性。

综上所述，本书基于“文化情境—认知提升与行为塑造—结果变量”的理论逻辑，认为低碳文化通过影响信息技术与业务部门之间的合作关系、知识共享等企业内部社会资本，间接影响企业信息技术深度融合水平。基于此，提出如下假设：

H5：企业内部社会资本在低碳文化与企业信息技术深度融合关系中具有中介作用。

六、企业内部社会资本维度间关系的研究假设

学者欧阳斐在其 2012 年发表的研究成果中提出，企业内部社会资

本中网络成员联系的强度与被他人依赖的相互信任的程度之间存在显著的正向关系。组织成员之间彼此的信任会使得他们之间相互沟通交流、密切配合的意愿得到提升，从而增加联系的频次与深度。一方面，在低碳文化的影响下，组织成员间对于绿色组织认同不断加深，信息技术与业务部门将会共享同一套更加相近的具有集体导向的价值观，这种共同的价值观提升了部门之间和员工间的信任情感，两个部门间的共享语言和共同愿景会更容易达成，因而信息技术与业务部门之间的社会网络联系就更紧密；另一方面，伴随着绿色组织认同感的提升和低碳知识的积累，组织成员对于深化应用信息技术帮助企业实现信息化、数字化转型，进而加速实现企业的绿色化进程的理解会更加深刻，因而更愿意通过与信息技术部门密切配合实现企业信息技术与业务的深度融合。基于此，本书认为，企业内部社会资本中的认知维度对社会维度有正向的影响作用，并提出如下假设：

H6：企业内部社会资本的认知维度正向影响社会维度。

七、信息技术治理与企业内部社会资本之间关系的研究假设

信息技术治理是组织在利用信息技术实现业务价值的过程中所明确的决策权归属和责任担当框架，目的是保障信息技术和业务人员各司其职，进而鼓励期望行为的发生，促使企业信息技术投资收益最大化。这种企业顶层制度方面的架构设计将引导和约束组织成员间的交互行为，通过促使信息技术与业务人员对彼此的使命和目标认知达成一致，进而提升企业内部社会资本的社会维度的融合水平。

具体来说，信息技术治理组织机制采取一系列的组织机构和机制建设，解决信息技术与业务职能间的衔接和协调。信息技术架构委员会、信息技术指导委员会、信息技术战略委员会等组织机构的建立为信息技

术与业务部门之间的合作提供了动力机制。信息技术治理的流程机制专注于制定信息技术决策、实施及控制流程。这将有效约束和纠正信息技术与业务部门的日常行为，在进行信息技术相关的投资、价值评估等环节必须保持密切的配合。信息技术治理的关系机制通过跨部门的信息技术培训、岗位轮换等方式，建立广泛的决策相关者参与机制，激励信息技术与业务人员在工作中彼此交流、知识共享，保障业务部门和信息技术部门之间建立长久的合作伙伴关系①。

综上所述，信息技术治理的组织、流程和关系机制通过有效地引导、约束和激励信息技术部门与业务部门之间的沟通与互动行为，将有效提升信息技术与业务部门对彼此目标、愿景和使命的认知和承诺的水平。基于此，本书提出如下假设：

H7：信息技术治理正向影响企业内部社会资本中的社会维度。

H7a：信息技术治理的组织机制正向影响企业内部社会资本中的社会维度。

H7b：信息技术治理的流程机制正向影响企业内部社会资本中的社会维度。

H7c：信息技术治理的关系机制正向影响企业内部社会资本中的社会维度。

表 4.2　研究假设汇总

序号	研究假设
H1	低碳文化正向影响企业信息技术深度融合。
H1a	低碳文化正向影响基础架构融合。
H1b	低碳文化正向影响流程融合。

① J. Jewer，K. N. Mckay，"Antecedents and Consequences of Board IT Governance：Institutional And Strategic Choice Perspectives"，*Journal of the Association for Information Systems*，2012，13 (7)，581-617.

续表

序号	研究假设
H1c	低碳文化正向影响战略融合。
H2	低碳文化正向影响信息技术治理。
H2a	低碳文化正向影响信息技术治理的组织机制。
H2b	低碳文化正向影响信息技术治理的流程机制。
H2c	低碳文化正向影响信息技术治理的关系机制。
H3	信息技术治理在低碳文化与企业信息技术深度融合关系中具有中介作用。
H3a	信息技术治理组织机制在低碳文化与信息技术深度融合关系中具有中介作用。
H3b	信息技术治理流程机制在低碳文化与信息技术深度融合关系中具有中介作用。
H3c	信息技术治理关系机制在低碳文化与信息技术深度融合关系中具有中介作用。
H4	低碳文化正向影响企业内部社会资本。
H4a	低碳文化正向影响企业内部社会资本的认知维度。
H4b	低碳文化正向影响企业内部社会资本的社会维度。
H5	企业内部社会资本在低碳文化与企业信息技术深度融合关系中具有中介作用。
H6	企业内部社会资本的认知维度正向影响社会维度。
H7	信息技术治理正向影响企业内部社会资本中的社会维度。
H7a	信息技术治理的组织机制正向影响企业内部社会资本中的社会维度。
H7b	信息技术治理的流程机制正向影响企业内部社会资本中的社会维度。
H7c	信息技术治理的关系机制正向影响企业内部社会资本中的社会维度。

本章深入剖析了低碳文化对企业信息技术深度融合的影响机制，基于第二章和第三章分别对企业信息技术深度融合的驱动因素、低碳文化的一般作用路径的分析结果，识别了信息技术治理和企业内部社会资本两个中介变量，构建了理论模型，并提出研究假设。具体而言，首先，就低碳文化与企业信息技术深度融合之间关系提出了研究假设；其次，论述了低碳文化对信息技术治理、企业内部社会资本的影响作用，以及信息技术治理、企业内部社会资本的中介作用，并提出了研究假设；最后，论述了信息技术治理与企业内部社会资本之间的影响关系，并提出了研究假设。本章研究内容为后续章节的实证研究奠定了理论基础。

第五章　低碳文化对企业信息技术深度融合影响的实证研究

基于上一章对变量间关系提出的一系列研究假设，本章将利用实证方法对其进行检验。本书采用问卷调查方法进行数据收集，利用统计实证方法对数据进行分析，得出研究结论。根据实证研究的一般过程，本章将从研究设计、变量测量、数据同源性偏差检验、实证分析过程、结果分析与讨论几个方面进行详细的阐述。

第一节　低碳文化对企业信息技术深度融合影响的实证研究设计

研究设计是对研究的过程及测量项的结构进行整体安排的过程。科学的研究设计能够将研究所涉及的变量纳入一个清晰连贯的体系，能够有效保证研究结论的可靠性。研究设计的核心在于把握总体逻辑的清晰性，构建研究项目之间的有机联系。

一、问卷设计

由于问卷调查方法具备快速有效、可操作性强、成本低廉等特点，已经成为管理学定量研究中最常用和实用的数据采集方法[①]。问卷调查法通常基于如下假设：第一，大部分被调查者能够理解问卷中的所有题项；第二，大部分被调查者会仔细阅读和作答；第三，大部分被调查者会根据内心真实的想法做出坦诚的回答。由于问卷本身的质量将对被调查者的态度和填写行为产生直接影响，因此，为确保收集到数据的质量，研究者需要谨慎地设计问卷[②]。

基于此，本书将按照如下步骤完成问卷设计工作：

（1）收集和筛选量表。对涉及本书核心概念的国内外相关文献进行系统梳理，找出相应的测量量表，并对其来源和研究情境进行辨认，从中筛选出内容表达最为一致，并且被反复使用的成熟量表。这是因为，成熟量表信度和效度一般较高，有助于提升问卷的质量。

（2）量表的回译。对于沿用国外的量表，如何提高翻译的准确性是研究的重点和难点。回译（Back Translation）能够有效减少主观偏差，因而被研究者广泛接受。本书在回译过程中，将人员分成两组，各包含1名英语专业硕士、1名信息管理与信息系统专业博士和1名工商管理专业本科生，由一组将量表英译汉后，另一组再将量表汉译英，对双重翻译中产生的差异进行协商，直至达成共识。

（3）设计初始问卷。确定了量表之后，本书设计了初始的调查问卷，主要包括以下三部分内容：第一，问卷说明。对调研者身份、调研目的内容进行简要介绍，并说明本次调研的学术用途和数据的保密性，

---

① 李怀祖：《管理研究方法论（第2版）》，西安交通大学出版社2004年版。

② 陈晓萍、徐淑英、樊景立：《组织与管理研究的实证方法》，北京大学出版社2012年版。

以打消被调查者的隐私顾虑。另外，本部分对问卷中可能产生理解歧义的概念做了详细解释。第二，被调查者及所在企业的基本情况。被调查者信息的收集主要是为了明确身份和便于回访，企业信息包括规模、行业、信息技术应用经验和信息技术投资强度，将作为本书的控制变量。第三，核心变量的测量。包括企业低碳文化、信息技术治理、企业内部社会资本、企业信息技术深度融合的测量题项。

（4）修正和完善问卷。为确保设置的题目能够准确地反映变量的真实内涵，作者将初始问卷交给 2 位信息系统领域和 1 位企业管理领域的资深教授进行审查，根据反馈意见对初始问卷进行了修正。在此基础上，笔者联系了一家总部位于长春的具有国内领先水平的数字化转型服务提供商，与 5 位企业高层管理人员面对面交流问卷，根据其在填写过程中提出的疑问和建议修改问卷，直至没有新的反馈为止。

（5）预调研。在进行正式的大规模调研之前，笔者利用校友资源在东北某高校的 MBA 班发放问卷进行预调研。共发放 35 份问卷，最终回收有效问卷 30 份。通过对问卷信度和效度的初步检验，对测量题项进行净化，并对净化后的所有题项进行探索性因子分析，删除载荷过低及在两个以上因子上的载荷较大的题项，形成最终的问卷。

二、数据收集与样本选择

本书聚焦于研究低碳文化如何影响企业信息技术与业务的深度融合问题，要求被调查企业应该具有一定的信息技术基础。因此，本书选择核心业务领域（如采购、生产、研发等）已经实现信息化的企业作为调查对象。由于本书调研的变量既涉及业务领域，又涉及信息技术领域，为防止认知偏差，每家企业都收集两份问卷，由两位中高层管理者分别完成。其中，一份由 CEO 或核心业务部门的主管领导（如生产主管、营销主管、财务主管等）填写，另一份由CIO或信息技术部门其他主管领导填写。在数据的录入过程中，剔除同一企业两份问卷存在明显不一致的样本，减少由于填写人员不认真而导致数据质量差的情况的发生。这种样本收集方法能够有效提升数据质量，确保实证结论的可靠性。

综合考虑回收数据的质量、回收成本和周期等多种因素，本书采用以下途径来采集样本数据：第一，实地访谈被调研企业，面对面交流简短地介绍本次调查的目的和内容后，现场填写问卷。此种途径的特点是能够集中收到较多问卷，并且答卷者通常能够认真答题。第二，借助课题组成员的社会关系（学生、朋友、合作伙伴等）联系相关企业，确认对于本书内容感兴趣后，通过电子邮件的形式发放。此种方法回收成本较低，但同时获得被调查企业两份问卷的难度增加。

调研活动从2021年9月至2022年8月，历时11个月。调研人员通过走访联系，向其中愿意配合的企业发放了问卷，最终收回来自38家企业的76份问卷；通过电子邮件发放问卷412份，回收294份（每家企业收集2份问卷）。对填写明显不认真（连续相同答案过多、反向题目回答不一致、关键信息作答不全等）、同一企业只填写一份数据的问卷进行剔除后，最终获得来自177家企业的354份有效问卷。按照实证研究的惯例，样本数应不低于测量题项数目的5倍，而且样本数超过100将提升实证结果的可信度①。因此，本次收集的样本数符合要求，可进行实证分析。样本数据特征见表5.1所示。

① 王雅薇：《公共信息服务机构信息生态治理、IT应用能力与服务创新绩效关系的研究》，吉林大学博士学位论文，2017年。

表 5.1　样本数据特征统计描述（N=354）

特征	百分比	特征	百分比
被调查者职位		**地区分布**	
CEO	19.2%	北京	18.6%
CIO 或信息部门主管	50.0%	上海	3.4%
财务主管	8.2%	深圳	7.9%
营销主管	13.8%	郑州	3.4%
运营主管	2.5%	长春	33.3%
其他	6.2%	天津	4.0%
企业性质		大连	10.2%
国有企业	30.5%	吉林	16.9%
外商独资或合资企业	28.8%	杭州	2.3%
民营企业	40.7%	**员工人数**	
所属行业		300 人以下	40.1%
科技型	58.8%	300—2000 人	48.0%
非科技型	41.2%	2000 人及以上	11.9%

三、变量测量

本书所涉及的变量包括自变量企业低碳文化、因变量企业信息技术深度融合、中介变量信息技术治理和企业内部社会资本，以及控制变量（企业规模、行业、信息技术应用经验、信息技术投资强度）。为确保测量量表的信度和效度，本书尽量沿用现有文献中得到广泛验证的经典量表，并在其基础上依照研究目的和中国管理情境进行适当的语义微调。然后，按照本书前文所述的研究设计过程对量表做进一步的修订和完善，最终构建了如下的变量测量量表。

（一）企业低碳文化

本书借鉴已有研究，将企业低碳文化划分为低碳价值观、行为规范和人为饰物三个维度。其中，低碳价值观是企业关于低碳发展的核心经营理念，是企业中一切低碳行为的内在动力；行为规范是组织成员对于低碳普遍的认同或期望，人为饰物是低碳文化的具体外在表现形式。本书沿用欧阳斐提出的企业低碳文化测量量表，共提炼了 4 个测量低碳价值观的题项、4 个测量行为规范的题项、4 个测量人为饰物的题项。最终测量量表见 5.2。

表 5.2 低碳文化的最终测量量表

<table>
<tr><th colspan="2">变量</th><th>题项（采用 Likert 五级打分法）</th></tr>
<tr><td rowspan="3">企业低碳文化(ELC)</td><td>低碳价值观</td><td>ELC1：本企业愿意承担社会责任，致力于为消费者提供“绿色、低碳”产品和服务。
ELC2：本企业将经济与环境协调发展作为企业的价值观。
ELC3：本企业员工具有环保意识，将低碳、环保作为自身行为考虑的重要因素之一。
ELC4：本企业关注环保工作，并将此纳入企业经营状况的考察点。</td></tr>
<tr><td>行为规范</td><td>ELC5：本企业有意识地建设低碳导向的管理制度。
ELC6：本企业的管理者在工作中关注低碳、环保因素，并鼓励赞赏环保行为。
ELC7：本企业有专门负责企业低碳、环保事业的部门。
ELC8：本企业鼓励员工参与环保等公益活动，树立企业绿色品牌形象。</td></tr>
<tr><td>人为饰物</td><td>ELC9：与同行相比，本企业产品使用材料及其生产过程环保程度高。
ELC10：本企业内部对低碳、环保、节约等理念进行宣传。
ELC11：本企业办公设施及用品等尽量采用节能减排、环保的产品。
ELC12：本企业对工作流程进行改进，以达到更加低碳和环保的效果。</td></tr>
</table>

（二）企业信息技术深度融合

如前所述，本书将企业信息技术深度融合划分为基础架构融合、流程融合和战略融合。其中，基础架构融合是指信息技术硬件设施、软件系统质量与企业业务需求之间融合的程度；流程融合是指信息技术与企业运作活动之间融合的程度，企业运作活动包括生产流程和管理流程两个方面；战略融合是指信息技术愿景、使命与目标和业务愿景、使命与目标融合的程度。对于企业信息技术深度融合的测量，考虑信息技术近年来的发展趋势，在已有研究成果基础上提出各维度的测度题项。基础架构融合的测度借鉴了 Saporito、肖静华和谢康的研究，结合本书的研究实际，共提出 5 个测量题项；流程融合的测度参考齐晓云、Yayla 和 Hu 以及江炼的研究，共提出 5 个测量题项；战略融合的测度参考了 Lee、鞠平等的研究，共提出 5 个测量题项。最终测量量表见 5.3。

表 5.3　IT- 业务融合的最终测量量表

变量		题项（采用 Likert 五级打分法）
企业信息技术深度融合	基础架构融合	IBAI1：现有的信息技术基础设施及软件系统的技术领先程度能够达到本企业的要求。
		IBAI2：现有的信息技术基础设施及软件系统的可兼容性能够达到本企业的要求。
		IBAI3：现有的信息技术基础设施及软件系统的安全性能够达到本企业的要求。
		IBAI4：信息技术基础设施及软件系统的新功能或新模块的可扩展程度能够达到本企业的要求。
		IBAI5：本企业已经实现了各部门信息技术基础设施及软件系统的全面覆盖。
	流程融合	IBAP1：信息技术内嵌的业务流程符合本企业的作业流程。
		IBAP2：本企业业务过程中产生的动态数据能够在信息技术中准确记录共享。
		IBAP3：本企业利用信息技术优化了原有的生产与管理流程，减轻了员工的工作负担。
		IBAP4：本企业利用信息技术优化了原有的生产与管理流程，有效降低了成本。
		IBAP5：本企业利用信息技术优化了原有的生产与管理流程，提高了产品 / 服务质量。
	战略融合	IBAS1：本企业 CIO 是企业经营管理层的重要成员。
		IBAS2：本企业信息技术战略与业务战略在目标、使命和计划方面一致性程度很高。
		IBAS3：本企业的信息技术战略柔性很强，能够及时响应业务战略的变化。
		IBAS4：当本企业的信息技术战略发生变化时，业务战略能够及时响应，以保证两者的一致。
		IBAS5：本企业的信息技术战略能够引领业务战略发现新的价值增长点。

（三）信息技术治理

基于前文的论述，借鉴已有研究，本书将信息技术治理划分为信息技术治理组织机制、流程机制和关系机制。其中，组织机制是指为协调业务与信息技术管理职能间的关系所设置的制定信息技术决策的组织机构；流程机制是指设置制度化的战略性信息技术决策制定程序和信息技术监管程序；关系机制是指为确保高层管理者、信息技术与业务管理人员的积极参与，以及厘清他们之间合作关系所建立的正式和非正式的沟通与反馈机制。对于信息技术治理的测量，本书主要参考了格伦伯根和汉斯、Kei、江炼提出的测量量表，并在流程机制维度加入了 COBIT 的关键控制域的思想，结合中国企业在信息技术治理实际中关注的焦点，共提炼了 5 个测量组织机制的题项、5 个测量流程机制的题项、4 个测量关系机制的题项。最终测量量表见 5.4。

表 5.4　信息技术治理的最终测量量表

变量		题项（采用 Likert 五级打分法）
信息技术治理	组织机制	IBGO1：本企业在董事会层面设立信息技术战略委员会及信息技术审计委员会，信息技术问题是董事会会议常规议题。
		IBGO2：本企业高管团队会经常就信息技术投资的先后顺序和额度进行讨论。
		IBGO3：本企业业务与信息技术高管会经常就特定的信息技术问题而召开正式会议。
		IBGO4：本企业的信息主管（CIO）通常只需向总经理（或 CEO）汇报。
		IBGO5：本企业设有由业务和信息技术高管组成的架构指导委员会。
	流程机制	IBGP1：本企业有非常正式、规范的信息技术战略规划流程。
		IBGP2：本企业设有正式的信息技术投资审批流程。
		IBGP3：本企业的信息技术价值追踪机制能够确保公司从不同角度评价信息技术项目的价值，如整体贡献、部门贡献、卓越运营等。
		IBGP4：本企业设有信息技术收益管理和报告流程。
		IBGP5：本企业业务部门与信息技术部门之间有正式的信息技术运营或服务协议。
	关系机制	IBGR1：本企业实行信息技术部门员工与业务部门员工轮岗制度。
		IBGR2：本企业设有各种奖励机制以促进业务与信息技术部门之间的沟通。
		IBGR3：本企业设有有效的冲突解决机制以解决业务与信息技术部门在合作过程中可能遇到的分歧。
		IBGR4：本企业会利用各种渠道向员工普及其信息技术管理制度及相关知识。

（四）企业内部社会资本

如前所述，本书将企业内部社会资本划分为认知维度和社会维度。其中，认知维度是组织成员对组织的归属感，是能够满足员工获得尊重和实现价值的心理需求状态；社会维度是指信息技术部门与业务部门在利用信息技术获取竞争优势的过程中，密切配合、广泛交流，最终实现理解并效忠于彼此使命、目标和计划的状态。对于企业内部社会资本的测量，认知维度的测量本书参照玛艾尔、陈玉姗①、欧阳斐的研究，提出6个测量题项；对于社会维度的测量，本书参考了约兰德·陈等、杰罗的研究，提出测量社会维度的5个题项。最终测量量表见5.5。

表5.5 企业内部社会资本的最终测量量表

变量		题项（采用 Likert 五级打分法）
企业内部社会资本	认知维度	ISCC1：我为自己是本企业的一员感到骄傲。
		ISCC2：我感觉本企业内成员间关系亲密、团结。
		ISCC3：我在本企业内有归属感。
		ISCC4：我认为我所在企业的成功就是我的成功。
		ISCC5：本企业所有部门及成员都为企业目标的达成而努力。
		ISCC6：我所在的部门的成员服从共同的价值观念与行为准则。
	社会维度	ISCS1：本企业信息技术与业务部门经理对彼此使命、目标及规划具有深刻理解。
		ISCS2：本企业信息技术部门与业务部门在制订计划的过程中保持紧密的联系。
		ISCS3：本企业信息技术部门与业务部门是合作伙伴关系。
		ISCS4：本企业信息技术部门经理与业务部门经理保持密切的沟通与交流。
		ISCS5：本企业信息技术部门与业务部门之间热衷于彼此共享知识。

① Y. S. Chen，"Green Organizational Identity: Sources and Consequence"，*Management Decision*，2011，49 (3)：384-404.

（五）控制变量

考虑到企业规模、行业、信息技术应用经验和信息技术投资强度对企业信息技术深度融合水平的影响，本书将以上变量设置为控制变量，以避免其对研究结果造成干扰。

企业规模。如前所述，企业规模将会影响企业信息技术深度融合水平。一方面，与规模较小的企业相比，通常大型企业经营的业务范围更大，内容也更加庞杂，因而利用信息技术支持企业业务的需求更加迫切，这使得大型企业对于深层次利用信息技术以获得竞争优势的愿望更加强烈；另一方面，企业信息技术深度融合前期需要投入大量财力，大型企业的资源相对充足，因此在资源配置方面将领先于小型企业。因此，本书将企业规模设置为控制变量，以员工数量来衡量企业规模，设置三个等级，分别用数字 1—3 来表示，1 表示 300 人及以下；2 表示 301—2000 人；3 表示 2000 人以上。

行业。行业类型是实证研究中十分重要的控制变量，不同行业在新技术的应用方面具有显著差异，因此本书将行业类别设置为控制变量。借鉴已有研究，设置虚拟变量（0，1），0 表示科技型行业，1 表示非科技型行业。

信息技术应用经验。企业信息技术深度融合是信息技术与业务不断磨合和相互适应的动态过程，因而企业过去积累的信息技术应用经验将在这一过程中发挥重要的作用。因此，本书将信息技术应用经验设置为控制变量，以企业进行信息化建设时间的长短来衡量，具体计算方式为：信息技术应用经验 = 调研年份 –“企业开始有组织地开展信息技术软、硬件及网络系统的建设和应用的年份”。

信息技术投资强度。尽管信息技术投资并非越多越好，但信息技术投入的充足与否却直接影响着信息技术资源的配置。因此，合适比例的信息技术投资对于企业的信息技术深度融合水平具有影响作用。本书参考学者江炼于 2014 年的研究成果，以信息技术投资强度作为控制变量，计算方式为信息技术投资强度 = 最近 3 年信息技术的年平均直接投资 / 企业平均年销售额。对于成立不足 3 年的企业，使用上一年度的数据作为计算依据。共设置五个等级，分别用数字 1—5 表示，1 表示低投入（信息技术投资强度≤ 0.1%）；2 表示中低投入（0.1%< 信息技术投资强度≤ 0.5%）；3 表示中度投入（0.5%< 信息技术投资强度≤ 1%）；4 表示中高投入（1%< 信息技术投资强度≤ 1.5%）；5 表示高投入（信息技术投资强度 >1.5%）。

四、共同方法偏差检验

当问卷由一位被调查者独立完成时，所获得的数据可能存在共同方法偏差（Common Method Variance，CMV）。为防止共同方法偏差对结果可靠性的影响，本书分别采用程序控制方法和统计控制方法。程序控制方面，采用匿名填写、设置反向题项的方法尽量降低共同方法偏差的影响；在统计控制方面，将所有测量题项放在一起，利用 SPSS26.0 提供的探索性因子分析方法得出未旋转的第一个主成分的方差解释量，结果为 32.9%，并未超过总方差的 50%，说明共同方法偏差并不严重，可继续进行后续分析。

第二节　低碳文化对企业信息技术深度融合影响的实证检验

本部分将首先对各变量测量量表进行信度和效度检验，在量表的信效度达到实证要求的基础上，利用 SPSS26.0 统计软件对低碳文化、信息技术治理、企业内部社会资本、企业信息技术深度融合等变量之间的关系进行验证。

一、信度和效度检验

量表的信度和效度是确保问卷质量的两个重要方面。利用 SPSS26.0 统计软件对本书所涉及的变量测量量表进行信度和效度检验，结果如表 5.6 所示。

信度检验是用来评价测量结果的一致性、稳定性和可靠性的。检验量表信度的最常用的评价指标是内部一致性系数（Cronbach's Alpha），一般沿用 Nunnally 于 1978 年提出的考量标准，当 Alpha 系数值达到 0.7 以上时，则证明该量表信度较好。由表 5.6 可以看出，各变量的 Alpha 系数均超过 0.7。由此可见，本书采用的量表具有良好的信度水平。

效度检验用于评价量表能否准确地反映所测变量的真实内容。最常用的检验效度的方法是因子分析，通过提取共性因子来集中反映不同的测量题目。因子载荷体现了测量题项对变量的贡献程度，因子载荷越大，则该题项与变量间关系越亲密①。在进行因子分析之前，笔者对各量表分别进行了 KMO 和 Bartlett 球形检验，结果显示，所有量表的 KMO 值均大于 0.5，并且 Barlett 球形度检验的 P 值显著，表明可以进行因子分析。因子分析结果如表 5.6 所示，所有题项因子载荷均大于 0.6，表示本书采用的量表具有良好的效度水平。

---

① 彭秀青：《基于知识视角的个体层面向组织层面创业学习转化机理研究》，吉林大学博士学位论文，2017 年。

表 5.6　各变量的信效度检验结果

题 项	描述性统计		因子	Alpha	题项	描述性统计		因子	Alpha
	均值	标准差	载荷			均值	标准差	载荷	
低碳文化				0.874	企业内部社会资本的认知维度				0.829
ELC1	3.57	0.969	0.858		ISCC1	3.59	0.977	0.754	
ELC2	3.62	0.901	0.813		ISCC2	3.38	1.050	0.801	
ELC3	3.75	0.927	0.899		ISCC3	3.35	1.175	0.733	
ELC4	3.72	0.987	0.729		ISCC4	3.61	0.987	0.675	
ELC5	3.41	1.159	0.830		ISCC5	3.48	0.999	0.731	
ELC6	3.36	1.133	0.863		ISCC6	3.61	0.890	0.722	
ELC7	3.53	0.972	0.724		企业内部社会资本的社会维度				0.866
ELC8	3.43	1.088	0.841		ISCS1	3.94	0.913	0.815	
ELC9	3.71	0.899	0.780		ISCS2	4.01	0.899	0.808	
ELC10	3.61	0.942	0.805		ISCS3	3.72	1.007	0.779	
ELC11	3.57	0.894	0.724		ISCS4	3.66	1.122	0.727	
ELC12	3.62	0.912	0.821		ISCS5	3.80	0.998	0.780	
信息技术治理组织机制				0.852	基础架构融合				0.844
IBGO1	3.80	0.975	0.740		IBAI1	4.02	0.881	0.790	
IBGO2	3.69	1.058	0.794		IBAI2	3.95	0.944	0.805	
IBGO3	3.94	0.999	0.757		IBAI3	3.87	1.060	0.863	
IBGO4	3.78	1.141	0.665		IBAI4	3.90	0.995	0.771	
IBGO5	3.89	1.065	0.827		IBAI5	3.77	1.157	0.809	
信息技术治理流程机制				0.793	流程融合				0.813
IBGP1	3.78	0.988	0.826		IBAP1	3.72	1.177	0.812	
IBGP2	3.63	1.020	0.764		IBAP2	3.73	1.101	0.824	
IBGP3	3.59	1.177	0.655		IBAP3	3.95	0.971	0.771	
IBGP4	3.72	0.975	0.858		IBAP4	3.79	1.050	0.772	
IBGP5	3.69	0.989	0.709		IBAP5	3.99	0.947	0.726	
信息技术治理关系机制				0.848	战略融合				0.808
IBGR1	3.64	0.984	0.644		IBAS1	3.97	0.907	0.853	
IBGR2	3.41	1.157	0.850		IBAS2	3.85	0.939	0.747	
IBGR3	3.52	0.978	0.710		IBAS3	3.69	0.973	0.775	
IBGR4	3.38	1.192	0.772		IBAS4	3.70	0.910	0.841	
					IBAS5	4.05	0.890	0.822	

二、低碳文化与企业信息技术深度融合之间关系的检验

本部分将利用 SPSS26.0 统计软件对前文提出的研究假设进行逐一检验，探讨低碳文化、企业信息技术深度融合、信息技术治理和企业内部社会资本之间的作用关系。在假设检验之前，对变量进行了描述性统计分析和 Pearson 相关系数检验，以初步判定变量的基本情况和变量间的相关性。

低碳文化与基础架构融合、流程融合和战略融合，以及控制变量的描述性统计与相关系数矩阵如表 5.7 所示。从变量的描述性统计结果来看，各变量的均值和标准差均在可接受范围。从相关系数来看，低碳文化与基础架构融合、流程融合和战略融合均呈正相关，但非高度相关。这与理论假设逻辑一致，同时也符合回归分析的要求。此外，控制变量间的相关性也反映了样本的客观规律，如规模越大的企业信息技术投资强度越大，科技型企业相比非科技型低碳文化水平更高等，这些均与实际情况相符。

表 5.7　变量的描述性统计与相关系数矩阵

变量	Mean	S.D	1	2	3	4	5	6	7
1. 规模	1.718	0.665	1						
2. 行业	0.587	0.494	0.003	1					
3.IT 应用经验①	9.145	3.967	0.018	0.029	1				
4.IT 投资强度	3.802	1.327	0.023*	–0.061	–0.037	1			
5. 低碳文化	3.575	0.982	–0.075	–0.219*	–0.057	0.027*	1		
6. 基础架构融合	3.902	1.007	0.069	–0.074*	0.009	0.025*	0.517**	1	
7. 流程融合	3.836	1.049	0.015	–0.005	0.006	0.088*	0.498**	0.585**	1
8. 战略融合	3.852	0.924	0.002	0.001	–0.021	0.144**	0.522**	0.609**	0.678**

注：*** 表示 $p<0.001$，** 表示 $p<0.01$，* 表示 $p<0.05$。

① 由于图表篇幅限制，本书在部分图表中使用英文缩写“IT”来代替“信息技术”。

在理论分析与文献研究的基础上，本书探讨了低碳文化与基础架构融合、流程融合和战略融合之间的关系，并提出低碳文化正向影响基础架构融合、流程融合和战略融合（H1a，H1b 和 H1c）。为了验证以上假设，本书分别构建了模型 1（包括 Model 1-1、Model 2-1 和 Model 3-1 三个子模型）和模型 2（包括 Model 1-2、Model 2-2 和 Model 3-2 三个子模型）。其中，模型 1 是基础模型，三个子模型分别反映了控制变量（规模、行业、信息技术应用经验和信息技术投资强度）与企业信息技术深度融合的基础架构融合、流程融合、战略融合之间的关系；模型 2 在模型 1 的基础上加入低碳文化，三个子模型分别揭示了低碳文化与企业信息技术深度融合的基础架构融合、流程融合、战略融合之间的关系。此外，本书通过分别计算方差膨胀因子（Variance Inflation Factor，VIF）来检验多重共线性问题。

经过计算，模型 1 和模型 2 中所有变量的 VIF 值均在 1.124 以下，当 VIF 值 <10 时，一般认为不存在严重的多重共线性问题[①]。如表 5.8 所示，通过对比 Model 1-1 和 Model 1-2 可以得出：低碳文化对基础架构融合的回归系数为 0.503（$p<0.001$），R^2 增加了 0.243，说明 Model 1-2 具有较好的解释力。因此，H1a 通过检验，即低碳文化对基础架构融合具有积极影响。通过对比 Model 2-1 和 Model 2-2 可以得出：低碳文化对流程融合的回归系数为 0.473（$p<0.001$），R^2 增加了 0.206，说明 Model 2-2 具有较好的解释力。因此，H1b 通过检验，即低碳文化对流程融合具有积极影响。通过对比 Model 3-1 和 Model 3-2 可以得出：低碳文化对战略融合的回归系数为 0.510（$p<0.001$），R^2 增加了 0.266，说明 Model 3-2 具有较好的解释力。因此，H1c 通过检验，即低碳文化对战略融合具有积极影响。

① 郭润萍：《高技术新创企业知识整合、创业能力与绩效关系研究》，吉林大学博士学位论文，2015 年。

表 5.8　低碳文化与企业信息技术深度融合各维度关系的回归模型

变量	基础架构融合		流程融合		战略融合	
	Model 1-1	**Model 1-2**	**Model 2-1**	**Model 2-2**	**Model 3-1**	**Model 3-2**
控制变量						
规模	0.039	0.035*	0.012	0.024	0.000	0.005*
行业	−0.048*	−0.090	−0.004	0.000	0.003	−0.050
IT 应用经验	0.002	−0.003	0.004	0.060	−0.012	−0.008
IT 投资强度	0.020*	0.060	0.071*	0.038*	0.094*	0.045*
模型自变量						
低碳文化		0.503***		0.473***		0.510***
R^2	0.035	0.278	0.029	0.245	0.023	0.289
Adjusted R^2	0.028	0.250	0.021	0.236	0.013	0.271
ΔR^2		0.243		0.206		0.266
F-value	2.528*	29.535***	2.087*	27.123***	2.444	31.060***

注：*** 表示 p<0.001，** 表示 p<0.01，* 表示 p<0.05。

三、低碳文化、信息技术治理与企业信息技术深度融合之间关系的检验

本部分将利用 SPSS26.0 统计软件对低碳文化、信息技术治理的组织机制、流程机制、关系机制与企业信息技术深度融合之间的关系，以及信息技术治理各维度的中介作用进行多元线性回归，以验证前文提出的研究假设。

表 5.9　变量的描述性统计与相关系数矩阵

变量	Mean	S.D	1	2	3	4	5
1. 低碳文化	3.575	0.982	1				
2. 信息技术治理组织机制	3.820	1.047	0.495**	1			
3. 信息技术治理流程机制	3.682	1.030	0.477**	0.475*	1		
4. 信息技术治理关系机制	3.488	1.078	0.498**	0.652*	0.622**	1	
5. 信息技术深度融合	3.863	0.993	0.516**	0.471**	0.487**	0.573**	1

注：*** 表示 p<0.001，** 表示 p<0.01，* 表示 p<0.05。

如前所述，首先对各变量进行描述性统计分析与 Pearson 相关系数分析，结果如表 5.9 所示。从变量的描述性统计结果来看，各变量的均值和标准差均在可接受范围。从相关系数来看，各变量之间均呈正相关关系，但非高度相关。描述性统计分析与 Pearson 相关系数分析结果表明，可以进行下一步回归分析。

（一）低碳文化与信息技术治理之间关系的检验

在理论分析与文献研究的基础上，本书探讨了低碳文化与信息技术治理各维度间的关系，并提出低碳文化正向影响信息技术治理组织机制、流程机制和关系机制（H2a，H2b 和 H2c）。为了验证以上假设，本书分别构建了模型 1（包括 Model 1-1、Model 2-1 和 Model 3-1 三个子模型）和模型 2（包括 Model 1-2、Model 2-2 和 Model 3-2 三个子模型）。其中，模型 1 是基础模型，反映了控制变量即规模、行业、信息技术应用经验和信息技术投资强度与信息技术治理各维度间关系；模型 2 在此基础上加入低碳文化，以揭示低碳文化与信息技术治理各维度间的关系。此外，本书通过分别计算方差膨胀因子来检验多重共线性问题。

表 5.10 低碳文化与信息技术治理各维度关系的回归模型

变量	信息技术治理组织机制		信息技术治理流程机制		信息技术治理关系机制	
	Model 1-1	**Model 1-2**	**Model 2-1**	**Model 2-2**	**Model 3-1**	**Model 3-2**
控制变量						
规模	0.003	0.009	−0.002	−0.062	−0.010	−0.017
行业	0.072*	0.011*	0.004	0.028	0.033	0.028
IT 应用经验	0.035	0.052	0.031	0.016	0.005	0.006
IT 投资强度	0.077*	0.080*	0.138	0.035	0.105*	0.088
模型自变量						
低碳文化		0.472***		0.443***		0.476***
R^2	0.040	0.246	0.059	0.226	0.053	0.254
Adjusted R^2	0.032	0.235	0.050	0.220	0.046	0.248
ΔR^2		0.206		0.167		0.201
F-value	2.187*	26.670***	3.315	18.266***	5.027*	28.713***

注：*** 表示 $p<0.001$，** 表示 $p<0.01$，* 表示 $p<0.05$。

经计算，模型 1 和模型 2 中所有变量的 VIF 值均在 1.125 以下，不存在严重的多重共线性问题。如表 5.10 所示，通过对比 Model 1-1 和 Model 1-2 可以得出：低碳文化对信息技术治理组织机制影响的回归系数为 0.472（$p<0.001$），R^2 增加了 0.206，说明 Model 1-2 具有较好的解释力。因此，H2a 通过检验，即低碳文化对信息技术治理组织机制具有积极影响。通过对比 Model 2-1 和 Model 2-2 可以得出：低碳文化对信息技术治理流程机制影响的回归系数 0.443（$p<0.001$），R^2 增加了 0.167，说明 Model 2-2 具有较好的解释力。因此，H2a 通过检验，即低碳文化对信息技术治理流程机制具有积极影响。通过对比 Model 3-1 和 Model 3-2 可以得出：低碳文化对信息技术治理关系机制影响的回归系数为 0.476（$p<0.001$），R^2 增加了 0.201，说明 Model 3-2 具有较好的解释力。因此，H2c 通过检验，即低碳文化对信息技术治理关系机制具有积极影响。

（二）信息技术治理中介作用的检验

在理论分析与文献研究的基础上，本书探讨了信息技术治理组织机制、流程机制和关系机制在低碳文化与企业信息技术深度融合关系间的中介作用，并提出相应的研究假设（H3a，H3b 和 H3c）。依据巴伦（Baron）和肯尼（Kenny）于 1986 年提出关于中介变量的检验方法，将自变量设为 A，中介变量设为 B，因变量设为 Y。中介作用的判别需要同时满足三个条件：

①A 显著作用于 B 和 Y；

②B 显著作用于 Y；

③加入 B 后，A 与 Y 之间的影响系数 β 值明显下降，并且显著性减弱或者变成完全不显著。

本书按照巴伦和肯尼两位学者提出的中介作用检验条件，探索信息技术治理各维度在低碳文化与企业信息技术深度融合之间的中介作用。如表 5.11 所示，Model 1 是基础模型，反映了控制变量即规模、行业、信息技术应用经验和信息技术投资强度与企业信息技术深度融合的关系；Model 2 在此基础上加入低碳文化，以揭示低碳文化与企业信息技术深度融合之间的关系。Model 1 和 Model 2 中所有变量的 VIF 值均在 1.124 以下，不存在严重的多重共线性问题。通过对比 Model 1 和 Model 2 可以得出：低碳文化对企业信息技术深度融合的回归系数为 0.498（$p<0.01$），R^2 增加了 0.232，说明 Model 2 具有较好的解释力。因此，低碳文化对企业信息技术深度融合的影响作用显著，满足中介作用检验对于自变量和因变量之间关系的要求。除此之外，表 5.10 中的模型 2（包括 Model 1-2、Model 2-2 和 Model 3-2 三个子模型）分别验证了自变量与中介变量的关系。低碳文化对信息技术治理的组织机制、流程机制和关系机制均具有显著的积极作用，因此，满足中介作用检验第一个条件，即自变量（低碳文化）对中介变量（信息技术治理组织机制、流程机制和关系机制）与因变量（企业信息技术深度融合）具有显著的影响作用。

如表 5.11 所示，本书在上述模型基础上继续构建了 4 个多元回归模型（Model 3 至 Model 6）分别检验信息技术治理组织机制、流程机制和关系机制的中介作用是否成立。从数据分析结果来看，各模型的 VIF 值均在 1.917 以下，不存在明显的多重共线性问题。Model 3 反映的是三个中介变量（信息技术治理的组织机制、流程机制和关系机制）对因变量（企业信息技术深度融合）间的关系，结果表明：信息技术治理的组织机制对企业信息技术深度融合的回归系数为 0.464（$p<0.001$），信息技术治理的流程机制对企业信息技术深度融合的回归系数为 0.477（$p<0.001$），信息技术治理的关系机制对企业信息技术深度融合的回归系数为 0.546（$p<0.01$）。因此，满足中介作用检验第二个条件，中介变量（信息技术治理组织机制、流程机制和关系机制）对因变量（企业信

息技术深度融合）具有显著的影响作用。

表 5.11　信息技术治理各维度的中介作用检验

变量	信息技术深度融合					
	Model 1	Model 2	Model 3	Model 4	Model 5	Model 6
控制变量						
规模	0.019	0.017*	0.032	0.047	0.062	0.085*
行业	0.002	0.006	−0.028	−0.002	0.000	−0.093
IT 应用经验	0.006	0.005	0.007	0.003	0.011	0.004
IT 投资强度	0.022*	0.028*	0.094*	0.052*	0.099	0.020*
模型自变量						
低碳文化		0.498***		0.364*	0.405***	0.207**
IT 治理组织机制			0.464***	0.552***		
IT 治理流程机制			0.477***		0.511***	
IT 治理关系机制			0.546***			0.568***
R^2	0.029	0.261				
Adjusted R^2	0.023	0.254	0.552	0.361	0.394	0.376
ΔR^2		0.232	0.537	0.345	0.371	0.353
F-value	2.389*	23.559***	102.924***	39.298***	60.271***	45.105***

注：*** 表示 $p<0.001$，** 表示 $p<0.01$，* 表示 $p<0.05$。

Model 4 在 Model 2 的基础上加入信息技术治理组织机制这个变量，数据分析结果表明：在控制了信息技术治理组织机制的情况下（$\beta=0.552$，$p<0.001$），低碳文化对企业信息技术深度融合的回归系数 β 由 0.498 下降到 0.364，并且显著性水平也由 $p<0.001$ 下降到 $p<0.05$。因此，满足中介作用检验的第三个条件，即加入中介变量（信息技术治理组织机制）后，自变量（低碳文化）与因变量（企业信息技术深度融合）间的 β 系数值或显著性减弱。综上所述，假设 H3a 通过检验，即信息技术治理的组织机制在低碳文化与企业信息技术深度融合的关系中具有部分中介作用。

Model 5 在 Model 2 的基础上加入信息技术治理流程机制这个变

量，数据分析结果表明：在控制了信息技术治理流程机制的情况下（β=0.511，p<0.001），低碳文化对企业信息技术深度融合的回归系数β和显著性均未显著下降，不满足中介作用检验第三个条件。因此，假设H3b未通过检验。

Model 6在Model 2的基础上加入信息技术治理关系机制这个变量，数据分析结果表明：在控制了信息技术治理关系机制的情况下（β=0.568，p<0.001），低碳文化对企业信息技术深度融合的回归系数β由0.498下降到0.207，并且显著性水平也由p<0.001下降到p<0.01。因此，满足中介作用检验的第三个条件，即加入中介变量（信息技术治理关系机制）后，自变量（低碳文化）与因变量（企业信息技术深度融合）间的β系数值或显著性减弱。综上所述，假设H3c通过检验，即信息技术治理的关系机制在低碳文化与企业信息技术深度融合的关系中具有部分中介作用。

四、低碳文化、企业内部社会资本与企业信息技术深度融合之间关系的检验

本部分将利用SPSS26.0统计软件对低碳文化、企业内部社会资本中的认知维度、社会维度，与企业信息技术深度融合之间的关系，以及企业内部社会资本的中介作用进行多元线性回归，以验证前文提出的研究假设。

如前所述，首先对各变量进行描述性统计分析与Pearson相关系数分析，结果如表5.12所示。从变量的描述性统计结果来看，各变量的均值和标准差均在可接受范围。从相关系数来看，各变量之间均呈正相关关系，但非高度相关。描述性统计分析与Pearson相关系数分析结果表明，可以进行下一步回归分析。

表 5.12 变量的描述性统计与相关系数矩阵

变量	Mean	S.D	1	2	3	4
1. 低碳文化	3.575	0.982	1			
2. 认知维度	3.647	1.047	0.486**	1		
3. 社会维度	3.688	1.004	0.502**	0.625**	1	
4. 信息技术深度融合	3.863	0.993	0.516**	0.543**	0.567**	1

注：*** 表示 $p<0.001$，** 表示 $p<0.01$，* 表示 $p<0.05$。

（一）低碳文化与企业内部社会资本之间关系的检验

在理论分析与文献研究的基础上，本书探讨了低碳文化与企业内部社会资本各维度间的关系，并提出低碳文化正向影响企业内部社会资本的认知维度和社会维度（H4a 和 H4b）。为了验证以上假设，本书分别构建了模型 1（包括 Model 1-1 和 Model 2-1 两个子模型）和模型 2（包括 Model 1-2 和 Model 2-2 两个子模型）。其中，模型 1 是基础模型，反映了控制变量即规模、行业、信息技术应用经验和信息技术投资强度与企业内部社会资本各维度间关系，模型 2 在此基础上加入低碳文化，以揭示低碳文化与企业内部社会资本各维度间的关系。此外，本书通过分别计算方差膨胀因子来检验多重共线性问题。

经计算，模型 1 和模型 2 中所有变量的 VIF 值均在 1.125 以下，不存在严重的多重共线性问题。如表 5.13 所示，通过对比 Model 1-1 和 Model 1-2 可以得出：低碳文化对企业内部社会资本认知维度影响的回归系数为 0.480（$p<0.001$），R^2 增加了 0.240，说明 Model 1-2 具有较好的解释力。因此，H4a 通过检验，即低碳文化对企业内部社会资本认知维度具有积极影响。通过对比 Model 2-1 和 Model 2-2 可以得出：低碳文化对企业内部社会资本的社会维度影响的回归系数为 0.499（$p<0.001$），R^2 增加了 0.214，说明 Model 2-2 具有较好的解释力。因此，H4b 通过检验，即低碳文化对企业内部社会资本的社会维度具有积极影响。

表 5.13　低碳文化与企业内部社会资本各维度间关系的回归模型

变量	企业内部社会资本认知维度		企业内部社会资本社会维度	
	Model 1-1	**Model 1-2**	**Model 2-1**	**Model 2-2**
控制变量				
规模	0.002	0.014	−0.015	−0.078*
行业	0.000	0.018	0.108**	0.014*
IT 应用经验	0.015	0.055	0.000	0.000
IT 投资强度	0.041	0.036*	0.071	0.035
模型自变量				
低碳文化		0.480***		0.499***
R^2	0.022	0.262	0.080	0.294
Adjusted R^2	0.007	0.255	0.065	0.263
ΔR^2		0.240		0.214
F-valuc	1.123	24.953***	3.352**	27.228***

注：*** 表示 p<0.001，** 表示 p<0.01，* 表示 p<0.05。

（二）企业内部社会资本中介作用的检验

本书按照巴伦和肯尼两位学者提出的中介作用检验条件，探索企业内部社会资本在低碳文化与信息技术深度融合之间的中介作用。如表 5.14 所示，Model 1 与 Model 2 分别反映了控制变量、低碳文化与企业信息技术深度融合之间的关系，上述关系在表 5.11 中已经呈现，为了便于观察加入中介变量（企业内部社会资本）后自变量与因变量的关系变化，本书将其再次列入此表中。除此之外，本书也验证了自变量与中介变量的关系，低碳文化对企业内部社会资本有显著的积极作用，由于表 5.13 已经列示了低碳文化对企业内部社会资本的认知维度和社会维度的显著正向作用，因而这里略去了相关的检验过程。因此，满足中介作用检验第一个条件，即自变量（低碳文化）对中介变量（企业内部社会资本）与因变量（企业信息技术深度融合）具有显著的影响作用。

如表 5.14 所示，为了验证企业内部社会资本的中介作用，本书在上述模型基础上继续构建了 Model 3 和 Modcl 4，从数据分析结果来看，各模型的 VIF 值均在 1.809 以下，不存在明显的多重共线性问题。Model 3 反映的是中介变量（企业内部社会资本）对因变量（企业信息技术深度融合）间的作用关系，结果表明：企业内部社会资本对信息技术深度融合的回归系数为 0.554（p<0.001）。因此，满足中介作用检验第二个条件，中介变量（企业内部社会资本）对因变量（信息技术深度融合）具有显著的影响作用。

Model 4 在 Model 2 的基础上加入企业内部社会资本这个变量，数据分析结果表明：在控制了企业内部社会资本的情况下（β=0.464，p<0.001），低碳文化对信息技术深度融合的回归系数 β 由 0.498 下降到 0.233。因此，满足中介作用检验第三个条件，即加入中介变量（企业内部社会资本）后，自变量（低碳文化）与因变量（信息技术深度融合）间的 β 系数值或显著性减弱。综上所述，假设 5 通过检验，即企业内部社会资本在低碳文化与信息技术深度融合的关系中具有部分中介作用。

表 5.14　企业内部社会资本的中介作用检验

变量	信息技术深度融合			
	Model 1	**Model 2**	**Model 3**	**Model 4**
控制变量				
规模	0.019	0.017*	0.003	0.000
行业	0.002	0.006	−0.017	−0.007
IT 应用经验	0.006	0.005	0.003	0.010*
IT 投资强度	0.032*	0.028*	0.101*	0.097*
模型自变量				
低碳文化		0.498***		0.233***
企业内部社会资本			0.554***	0.461***
R^2	0.029	0.261		
Adjusted R^2	0.013	0.254	0.324	0.331
ΔR^2		0.232	0.301	0.320
F-value	2.389*	23.559***	32.885***	40.612***

注：*** 表示 p<0.001，** 表示 p<0.01，* 表示 p<0.05。

五、企业内部社会资本的认知维度与社会维度之间关系的检验

在理论分析与文献研究的基础上，本书探讨了企业内部社会资本的认知维度与社会维度之间的关系，并提出企业内部社会资本的认知维度正向影响社会维度（H6）为了验证以上假设，本书分别构建了 Model 1 和 Model 2，如表 5.15 所示。其中，Model 1 是基础模型，反映了控制变量即规模、行业、信息技术应用经验和信息技术投资强度与企业内部社会资本的社会维度间关系；Model 2 在此基础上加入企业内部社会资本的认知维度，以揭示认知维度与社会维度之间的关系。

经计算，Model 1 和 Model 2 中所有变量的 VIF 值均在 1.136 以下，不存在明显的多重共线性问题。如表 5.15 所示，通过对比 Model 1 和 Model 2 可以得出：企业内部社会资本的认知维度对社会维度影响的回归系数为 0.607（$p<0.001$），R^2 增加了 0.356，说明 Model 2 具有较好的解释力。因此，H6 通过检验，即企业内部社会资本的认知维度对社会维度具有显著的积极影响。

表 5.15 企业内部社会资本的认知维度与社会维度关系的回归模型

变量	企业内部社会资本的社会维度	
	Model 1	**Model 2**
控制变量		
规模	−0.105*	−0.142**
行业	0.000	0.019
IT 应用经验	0.013	0.004
IT 投资强度	0.178	0.092
模型自变量		
企业内部社会资本的认知维度		0.607***
R^2	0.036	0.392

续表

变量	企业内部社会资本的社会维度	
	Model 1	**Model 2**
Adjusted R^2	0.018	0.379
ΔR^2		0.356
F-value	4.561*	47.059***

注：*** 表示 p<0.001，** 表示 p<0.01，* 表示 p<0.05。

六、信息技术治理与企业内部社会资本的社会维度之间关系的检验

在理论分析与文献研究的基础上，本书探讨了信息技术治理组织机制、流程机制、关系机制与企业内部社会资本的社会维度之间的关系，并提出信息技术治理组织机制、流程机制、关系机制正向影响企业内部社会资本的社会维度（H7a、H7b 和 H7c）。为了验证以上假设，本书分别构建了 Model 1 和 Model 2，如表 5.16 所示。其中，Model 1 是基础模型，反映了控制变量即规模、行业、信息技术应用经验和信息技术投资强度与社会维度间关系；Model 2 在此基础上加入信息技术治理组织机制、流程机制、关系机制，以揭示信息技术治理各维度与企业内部社会资本的社会维度之间的关系。

经计算，Model 1 和 Model 2 中所有变量的 VIF 值均在 1.866 以下，不存在明显的多重共线性问题。如表 5.16 所示，通过对比 Model 1 和 Model 2 可以得出：信息技术治理组织机制对社会维度影响的回归系数为 0.298（p<0.001），信息技术治理流程机制对社会维度影响的回归系数为 0.334（p<0.001），信息技术治理关系机制对社会维度影响的回归系数为 0.392（p<0.001），R^2 增加了 0.460，说明 Model 2 具有较好的解释力。因此，H7a、H7b 和 H7c 通过检验，即信息技术治理组织机制、流程机制、关系机制均对企业内部社会资本的社会维度具有积极影响。

表 5.16　信息技术治理与企业内部社会资本的社会维度关系的回归模型

变量	企业内部社会资本的社会维度	
	Model 1	**Model 2**
控制变量		
规模	−0.231**	−0.137**
行业	0.057	0.020
IT 应用经验	0.108*	0.058
IT 投资强度	0.046	0.037
模型自变量		
IT 治理组织机制		0.298***
IT 治理流程机制		0.334***
IT 治理关系机制		0.392***
R^2	0.045	0.505
Adjusted R^2	0.029	0.484
ΔR^2		0.460
F-value	7.243*	108.828***

注：*** 表示 $p<0.001$，** 表示 $p<0.01$，* 表示 $p<0.05$。

第三节　低碳文化对企业信息技术深度融合影响的实证结果分析

本书基于技术采纳理论、复杂适应系统理论、企业文化理论等相关理论分析，结合定量与定性的文献研究方法，深入剖析低碳文化对企业信息技术深度融合影响的内在过程。提出信息技术治理和企业内部社会资本是低碳文化对企业信息技术深度融合影响的关键路径，探讨了中介变量之间的作用关系。构建了低碳文化对企业信息技术深度融合影响的理论模型，并提出相应的研究假设。

为验证所提出的研究假设，本书通过问卷调查的形式获取数据，最终获得来自 177 家企业的 354 份有效问卷。在此基础上，利用 SPSS26.0 软件对调研数据进行了统计分析，结果表明，本书提出的 7 组假设中，仅 H3b 未通过检验，其余假设均得到了数据的支持。下面将对实证检验结果进行分析与讨论。

一、低碳文化对企业信息技术深度融合的影响分析

如表 5.8 所示，低碳文化对企业信息技术深度融合的回归系数为 0.503（$p<0.001$），对流程融合影响的回归系数为 0.473（$p<0.0001$），对战略融合影响的回归系数为 0.510（$p<0.001$）。可见，低碳文化对企业信息技术深度融合的各维度均具有积极影响，并且，低碳文化对战略融合影响的效应值最大，对基础架构融合影响的效应值次之，对流程融合影响的效应值最小。这说明低碳文化影响企业信息技术的深度融合更多体现在对战略融合的促进作用方面。信息技术与业务的战略融合是企业应用信息技术的终极目标，是有效地利用信息技术来创造战略性业务价值的关键。这也证实了文化在提升企业信息技术深度融合水平方面所扮演的重要角色，低碳文化提倡的绿色发展理念是一种先进的管理思想，具备超前的眼光，善于利用新技术有效支撑现有业务的同时，基于信息技术战略引领业务战略，发现新的价值增长点，通过转变经济发展方式来帮助企业获取新的竞争优势。

另外，在前文分别验证了信息技术治理和企业内部社会资本的中介作用，研究结果表明，除信息技术治理的流程机制中介作用未通过验证外，其余的假设均得到了数据支持。可见，低碳文化对信息技术深度融

合的影响除直接作用外，还通过信息技术治理和企业内部社会资本两个变量的传导作用来实现。这一方面验证了本书提出的“文化情境—顶层制度设计—结果变量”与“文化情境—认知提升与行为塑造—结果变量”两条理论逻辑；另一方面，也印证了文化因素是企业一切认知与行为背后动因的观点。

二、低碳文化、信息技术治理与企业信息技术深度融合间关系分析

数据分析结果表明，低碳文化对信息技术治理的组织机制、流程机制与关系机制均具有积极影响，信息技术治理的组织机制、关系机制在低碳文化与企业信息技术深度融合的关系中具有部分中介作用，信息技术治理的流程机制的中介作用未通过验证。

（一）IT 治理的组织机制与关系机制的部分中介作用

如表 5.10 所示，低碳文化对信息技术治理的组织机制影响的回归系数为 0.472（$p<0.001$），对信息技术治理的流程机制影响的回归系数为 0.443（$p<0.001$），对信息技术治理的关系机制影响的回归系数为 0.476（$p<0.001$）。可见，低碳文化对信息技术治理的三种机制均具有积极影响，并且，低碳文化对信息技术治理的关系机制的效应值最大。这说明低碳文化对信息技术治理的影响更多体现在对关系机制的促进作用方面。同时，如表 5.11 所示，在低碳文化影响企业信息技术深度融合的模型中分别加入信息技术治理的组织机制（$\beta=0.552$，$p<0.001$）和关系机制（$\beta=0.568$，$p<0.001$）后，低碳文化对企业信息技术深度融合影响的回归系数从 0.498（$p<0.001$）分别降至 0.364（$p<0.05$）和 0.207（$p<0.01$）。数据分析结果说明，信息技术治理的组织机制和关系机制在低碳文化与企业信息技术深度融合之间具有部分中介作用。这进一步证

明了组织机制和关系机制作为反映信息技术治理机制的两个重要维度，在文化影响企业深度应用信息技术的过程中发挥了重要作用。文化是企业内在的组织理念，需要配合有效的信息技术顶层制度设计，将隐藏在组织背后的核心价值观念转化为具体制度框架，进而引导、激励和约束组织成员间的密切合作和有效沟通，通过信息技术与业务的有机融合帮助企业获取竞争优势。本书将信息技术治理的组织机制和关系机制与低碳文化、企业信息技术深度融合相联系以解释低碳文化情境提升信息技术战略价值的过程，这一机制为基于文化视角研究如何提升信息技术应用效果提供了理论解释和实证的支持。

（二）IT 治理的流程机制的中介作用未获得数据的支持

由于在低碳文化对企业信息技术深度融合的模型中加入信息技术治理的流程机制后，低碳文化的影响系数和显著性水平均未明显下降，因而信息技术治理的流程机制在低碳文化与企业信息技术深度融合之间关系的中介作用未获得数据分析结果的支持。

新兴技术背景下的信息技术治理流程机制需要嵌入跨越业务单元与信息技术单元的横向决策制定过程，打通不同组织结构的边界，这种流程机制要求企业具有明确的部门间联系规则，任何一个流程环节的实现都需要其他环节的支持与配合。低碳文化则将这种通过节点之间的合作，实现企业的可持续发展视为企业根本。可见，低碳文化将有效促进信息技术部门与其他业务部门间以流程为导向的密切合作，进而不断提升企业信息技术与业务的融合水平。因此，本书提出信息技术治理的流程机制在低碳文化与企业信息技术深度融合之间起到中介作用的研究假设。对于这个假设在实证检验中未得到数据支持，本书认为一方面可能与低碳文化成为企业的主流价值观念的时间尚短，且文化的形成又是极其缓慢的有一定关系。在相对较短的时间内，企业利用信息技术从事绿色低碳相关活动更多的是通过信息技术治理的组织机制和关系机制来实现，而在组织中建立跨部门的流程机制，需要企业的高层领导者能够打破已有的传统观念，促进对资源的重组和重构，因此在控制和指导信息技术治理流程机制的有效建立和实现方面，企业的高层领导可能发挥着主导作用。另一方面，本书在设计量表对信息技术治理流程机制进行测量时，加入了 COBIT 的关键控制域的思想，尽管通过了信度和效度检验，但由于缺乏广泛的验证，可能导致对信息技术治理流程机制的检验存在不完善之处。

尽管信息技术治理的流程机制在低碳文化与企业信息技术深度融合之间的中介作用难以在总体上得到验证，但是，这并不是说文化视角下的信息技术与业务深度融合不再需要信息技术治理流程机制的保障，彼得森在 2004 年提出，有形的、命令式的组织机制和流程机制与无形的、有机式的关系机制作为互补机制，共同发挥作用。可见，在研究文化如何影响信息技术实现战略价值的问题时，从顶层制度设计视角应注重将信息技术治理的组织机制、流程机制和关系机制视为相互补充的有机整体，通过共同作用提高企业信息技术深度融合水平。

三、低碳文化、企业内部社会资本与企业信息技术深度融合间关系分析

如表 5.14 所示，在低碳文化影响企业信息技术深度融合的模型中加入企业内部社会资本（$\beta=0.461$，$p<0.001$）后，低碳文化对企业信息技术深度融合的回归系数从 0.498（$p<0.001$）降至 0.233（$p<0.001$）。数据分析结果表明，企业内部社会资本在低碳文化与企业信息技术深度融合之间具有部分中介作用。文化在理解组织成员的互动行为方面具有很强的解释力，崇尚低碳文化的企业鼓励通过部门间的沟通交流与知识分享来加深组织成员对于低碳环保知识的掌握，开放的组织氛围降低了跨

部门沟通的成本，员工愿意主动地将自身掌握的知识和使用信息技术来从事绿色低碳活动的心得与他人进行交流，也促进信息技术部门与业务部门的合作伙伴关系，通过参与彼此的战略计划制订过程和日常的沟通交流与知识分享，进而对彼此使命、目标及规划具有深刻理解，提升企业信息技术深度融合水平。研究结论对低碳文化在提升企业内部社会资本及促进其信息技术深度融合方面的重要作用进行了理论解释和实证支持。

四、企业内部社会资本的认知维度对社会维度的影响分析

如表 5.15 所示，企业内部社会资本的认知维度对社会维度影响的回归系数 0.607（$p<0.001$），可见，企业内部社会资本的认知维度对社会维度具有显著的正向影响作用。这也进一步证实了学者欧阳斐于 2012 年提出的研究结论：企业内部社会资本中网络成员在组织中的归属感和信任感会促进成员间的沟通交流与知识共享。在低碳文化的倡导和熏陶下，组织成员对于企业推行绿色低碳可持续发展的理念认同感持续加深，也为自己成为如此具有社会责任感的企业中的一员而感到自豪和骄傲，这种共同的价值观念将有效提升信息技术部门与业务部门间、员工间的信任感，社会网络联系也将更加紧密。组织成员更愿意通过与信息技术部门交流配合实现企业信息技术与业务的深度融合，进而帮助企业实现绿色化转型。研究结论对于企业通过文化培育、新兴信息技术应用助推“双碳”目标实现的作用路径提供了理论解释和实证支持。

五、信息技术治理对企业内部社会资本的社会维度的影响分析

如表 5.16 所示，信息技术治理的组织机制对企业内部社会资本的社会维度影响的回归系数为 0.298（$p<0.001$），信息技术治理流程机制

对社会维度影响的效应值为 0.334（p<0.001），信息技术治理关系机制对社会维度影响的效应值为 0.392（p<0.001）。可见，信息技术治理的不同治理机制均对企业内部社会资本的社会维度具有积极影响，并且，信息技术治理的关系机制对社会维度影响的效应值最大，信息技术治理的流程机制次之，信息技术治理的组织机制对社会维度影响的效应值最小。这说明信息技术治理对企业内部社会资本的社会维度的影响作用更多体现在通过建立广泛的决策相关者参与机制，激励信息技术与业务人员在工作中彼此交流、知识共享、保障业务部门和信息技术部门之间建立长久的合作伙伴关系等方面。信息技术治理作为企业应用信息技术的顶层设计框架，目的是保障信息技术和业务人员各司其职，引导、鼓励和约束信息技术与业务部门成员之间的交互行为，进而有效提升信息技术与业务部门对彼此目标、使命和计划的认知与承诺的水平。研究结论更加深入地揭示了低碳文化对企业信息技术深度融合影响路径，并为从行为视角揭示信息技术治理对企业信息技术深度融合的作用机理提供了理论解释和实证支持。

本章利用 SPSS26.0 统计软件对调研数据进行了分析，检验了本书所提出的研究假设。在研究设计方面，从问卷设计、数据收集与样本选择、变量测量和共同方法偏差检验四个方面展开，以保证数据质量；在实证检验阶段，首先进行了量表的信度和效度检验，结果表明研究量表具有较高的信效度；其次，在对各变量进行描述性统计分析和相关分析的基础上，采用多元回归分析技术对本书提出的研究假设进行了逐一检验；最后，对实证结果进行了分析与讨论。本章内容为后续章节对策建议的提出提供了基础。

第六章　管理启示：文化视角下以数绿融合为企业发展赋能

在国家全力推行“双碳”目标实现的大环境下，结合当前新兴信息技术、数字技术的普及发展，基于前面章节得出的研究结论，本章将从企业发展实践的角度提出对策建议，提出文化视角下企业数字化、绿色化协同发展的对策建议，成为本书实践层面的落脚点。

伴随着数字经济和生态经济的发展，当代企业面临数字化与绿色化的“双转型”挑战。数字经济具有信息化、数字化、智能化特征，是推动产业变革的重要动力，在全球范围内正逐步成为引领产业变革的核心力量。数字技术在绿色制造转型过程中具有重要作用：通过数字化赋能绿色制造，可以提高生产效率，降低企业生产成本；通过数字化赋能绿色制造，可以促进绿色设计、绿色材料、绿色装备和绿色管理的融合，减少对资源和能源的消耗；通过数字化赋能绿色制造，可以提高产品质量和降低产品损耗，降低企业碳排放；通过数字化赋能绿色制造，可以优化生产过程、管理流程和经营模式，促进企业技术创新和管理创新；通过数字化赋能绿色制造，可以提高产品附加值，提升企业竞争力。因此，企业数字化与绿色化转型是企业高质量发展之路上不可或缺且密不可分的两大元素。

本书从低碳文化视角出发，研究企业绿色化与数字化之间的内在联系，探索和验证了低碳文化对企业信息技术深度融合的内在影响过程，提出信息技术治理和企业内部社会资本是低碳文化影响企业信息技术深度融合的关键路径。本书的研究结论对当代企业数字化、绿色化融合发展实践具有如下启示意义：

第一，利用低碳文化建设弥补组织在信息技术治理方面的不足，以整体和系统的视角设计信息技术的顶层制度框架，在促进企业信息化、数字化水平提升的同时有效规避潜在风险。

即使在数字经济飞速发展的今天，许多企业的信息化建设还比较随意，缺乏系统的规划，很多决策都是由高层领导拍脑门做出的。领导迫于竞争对手的压力或是盲目跟风，没有结合企业自身情况慎重考虑就作出了建设信息化项目的决策，不仅造成资源的巨大浪费，而且造成项目的重复和叠加。另外，部分企业业务部门根据自身需要引进各自的软件系统，系统之间缺乏关联性，造成信息孤岛，信息技术部门因缺乏实权根本无法参与到业务规划当中。并且，由于缺乏系统规划和治理规范而造成的信息化项目进展缓慢和效率低下，又令信息技术部门成为更加不受欢迎和信任的部门。这种恶性循环使得信息技术与业务部门合作的机会和可能性越来越小，形成信息技术投资的“黑洞”。这些都是缺乏有效的信息技术治理机制的重要表现。本研究证实了低碳文化对信息技术治理组织机制、流程机制和关系机制均具有积极影响，信息技术治理组织机制和关系机制在低碳文化与企业信息技术深度融合的关系中具有中介部分作用。通过低碳文化提升信息技术治理水平，确保信息技术战略价值的实现，正是弥补上述不足的重要机制。

其一，从绿色低碳化发展的视角出发设计企业信息技术治理的组织机制在当前形势下显得尤为重要。新兴技术的飞速发展使得很多企业很难去预先识别技术变化的趋势，需要借助企业绿色低碳、持续创新等先进管理思想的启发建立灵活性和适应性更强的信息技术治理组织结构，指导企业在推进数字化转型的同时向着绿色、低碳的方向不断发展。其二，企业应抓住绿色低碳发展的契机进行信息技术治理的流程变革，通过建立完善的正式、规范的信息技术战略规划流程，帮助企业梳理信息技术建设、绿色化发展的整体思路。其三，利用企业的低碳文化价值观弥补组织在信息技术治理关系机制方面的不足，建立广泛的决策相关者参与机制，通过鼓励信息技术部门与业务部门探讨低碳发展新思路等方式，确保部门间的密切交流和广泛合作。例如，作为最早一批“觉醒”降碳意识的企业，美的楼宇科技通过有效的信息技术组织、流程和关系规划治理，以其智慧楼宇解决方案赋能工业园区的绿色发展，推出了“数绿融合工业智慧楼宇解决方案”。

第二，利用低碳文化塑造组织成员的认知与行为，推动信息技术与业务部门保持长期的互动关系，不断积累企业内部社会资本，进而促进企业信息化、数字化水平的提升。

本书证实了低碳文化对成员间的信任、组织认同等认知层面以及合作、知识共享、交流等互动行为的正向影响，信息技术与业务部门通过提升对彼此目标、使命和计划的认知与承诺水平，进而促进信息技术与企业业务间的深度融合。场动力理论提出，“生活空间”将影响组织成员的认知、情感和行为，生活空间是感性的，也就是说，它必须被个体感知。基于这一点，企业在数字化与绿色化转型与融合发展的过程中，应充分重视文化对于员工认知和行为的塑造作用，企业应着手建立正式和非正式的交流机制，通过不同形式将崇尚与时俱进、绿色发展的企业价值观潜移默化地灌输给员工，并将日常工作中的管理实践形成明确的文化表述，使组织员工确立对于本企业文化的认同感以及对同事和领导的信任感，通过积累企业内部社会资本，持续提升企业深化应用信息技术的水平，助力企业的信息化、数字化转型。

第三，通过自上而下地全面考虑和协调各种信息技术与组织要素间的关系，在信息技术与业务之间架起连接的桥梁，以顶层设计指导企业内部社会资本的不断积累。

本书验证了信息技术治理的组织机制、流程机制和关系机制均积极影响企业内部社会资本的社会维度。因此，企业高层领导者应通过推动信息技术治理的不同治理机制协同发展，确保信息技术与业务部门之间的密切合作，有效促进信息技术与业务部门对彼此目标、使命和计划的认知和承诺水平。

具体而言，首先，企业应着力于关系机制建设。本研究发现，信息技术治理的关系机制影响企业内部社会资本的社会维度的效应值最大，通过构建有效的关系机制，确保企业高层管理者、信息技术与业务人员的积极参与，以及保持信息技术与业务部门之间的密切合作关系。具体而言，一方面通过可持续、全方位的指导和培训机制、岗位轮换机制来增进组织成员对于信息技术的理解，提升组织成员创新性应用信息技术的能力和自我效能感；另一方面，通过设立有效的激励机制和冲突解决机制，促使信息技术与业务部门建立长期的互动和合作伙伴关系，如让组织成员了解到积极地参与到信息技术与业务部门的合作关系中将会得到不同程度的奖励、对于信息技术与业务部门之间合作可能涉及的决策权力和利益进行公开的分配、对可能出现的分歧与矛盾提出解决预案等。

其次，本书发现信息技术治理流程机制也将有助于推动信息技术与业务部门建立合作伙伴关系。基于这一点，企业应描绘清晰明确的信息技术治理流程图，使企业高层管理者在制定和执行信息技术治理决策时有据可依、有章可循，也让信息技术与业务部门可以顺畅沟通，更加清晰地理解彼此的工作内容。与此同时，企业应制定信息技术治理例外流程，释放企业面对突发事件的压力，提高治理的灵活性和反应能力。另外，企业应保持信息技术治理流程机制的透明化，不仅可以减少治理过程中的“暗箱操作”，而且有助于发现流程本身的问题，及时进行流程调整。

最后，企业应注重建立负责有关业务与信息技术管理职能衔接和协调的组织结构和机制。本书发现信息技术治理的组织机制对企业内部社会资本的社会维度具有积极影响，这说明建立信息技术治理指导机构对于促进信息技术与业务部门间的互动行为具有重要意义。尤其对于一些规模较大的企业，信息技术决策的制定需要多个部门的协同配合才能够完成。为了防止互相推诿、工作低效等现象的发生，企业应建立一个跨部门的信息技术治理委员会，从全局视角出发，就企业战略与信息技术战略的规划与实施等议题召开定期会议进行讨论，建立信息技术治理责任矩阵图，明确信息技术的决策权归属和责任担当问题，并把信息技术治理的相关规范融入组织的内部控制中。

第四，培育“绿色、低碳、可持续发展”的企业文化基因，将企业的绿色化与数字化转型交融一体，共同赋能企业发展。

本书证实了低碳文化对企业信息技术与业务的基础架构融合、流程融合和战略融合均产生积极影响。因此，在信息化、数字化进程中，企业必须审视原有文化体系，强化绿色文化思维，消除消极思想，以适应信息技术与业务深度融合的需求。

首先，本书证实了与基础架构融合和流程融合相比，低碳文化对于企业信息技术深度融合的战略融合维度影响的效应值最大，这说明，在组织中营造崇尚绿色低碳的文化氛围将促进组织利用信息技术引领业务创造战略性的商业价值。这说明，作为当代企业发展的两大趋势，数字化和绿色化两者相互融合，互相促进，以数字化促进绿色化，以绿色化推动数字化，将二者融通发展，将产生“1+1 ＞ 2”的整体效应。以全球知名的化妆品公司资生堂为例，资生堂积极推动数字化和绿色化转型。为实现公司制定的“美与绿”的目标，资生堂建立了全球数字化创新中心，致力于运用先进的技术和数据分析，为消费者提供个性化的产品和服务，并通过使用可再生能源和可回收包装材料等方式实现企业的绿色化转型，不仅为企业带来了经济效益，还为社会和环境作出了积极的贡献。全国各地数字化、绿色化协同转型发展典型案例持续发布，可供企业在实践中借鉴参考，共同探讨如何通过企业的数字化、绿色化双转型为企业带来新的价值增长点。

其次，本书研究发现，低碳文化对企业信息技术深度融合的基础架构融合维度具有积极影响。基于这一点，企业在实践中应关注到，在企业加强低碳文化建设的过程中，应将资源投入到与低碳发展有关的环节中去，将为信息技术与业务的基础架构融合提供资源方面的保障。充足的经费是低碳战略实施的重要保障，企业应建立低碳发展的专项经费预算，制定相应的激励政策和细则，用于高级人才的吸引、培养和激励，以及相关研究成果的奖励和支持，充分发挥组织成员的潜力，将低碳价值观深植于企业的文化基因之中。

最后，本书证实了低碳文化对企业信息技术深度融合的流程融合维度的积极影响。利用信息技术优化企业组织流程是企业数字化转型的重要内容之一，企业管理者应积极营造低碳发展的文化氛围，以企业绿色化转型为契机，利用信息技术重塑企业流程，找出瓶颈，建立规范化的业务流程，降低成本，提高工作效率和效能，打造企业的核心竞争力。

结　语

在对国内外企业文化、低碳文化建设、企业信息技术深度融合领域的研究成果进行系统梳理的基础上，本书旨在探索低碳文化推动企业信息技术深度融合的机制与关键路径，为推动企业绿色化、数字化协同转型发展提供指导，这是本书的出发点。

本书基于技术采纳理论、复杂适应系统理论、企业文化理论、利益相关者理论、场动力理论、绿色发展理论和企业社会责任理论，结合定量与定性的研究方法，深入剖析低碳文化对企业信息技术深度融合影响的内在过程。提出信息技术治理和企业内部社会资本是低碳文化对企业信息技术深度融合影响的关键路径，构建了理论模型，并提出相应的研究假设。为验证模型的正确性，本书以核心业务领域实现信息化的企业作为调查对象，进行问卷调查，每个企业收集两份问卷，最终获得来自177家企业的354份有效问卷。在此基础上，采用统计实证方法对本书所提出的研究假设进行了逐一检验。总体而言，本书基于理论逻辑推导后提出的研究假设大部分获得了数据的支持。具体而言，得到的研究结论主要体现在以下方面：

第一，低碳文化对企业信息技术深度融合的基础架构融合、流程融合和战略融合均具有显著的正向影响。

数据分析结果表明，低碳文化对企业信息技术深度融合的基础架构融合、流程融合和战略融合均有显著的正向影响。其中，低碳文化对战略融合影响的效应值最大，基础架构融合次之，对流程融合影响的效应值最小。可见，企业倡导低碳价值观能够促进信息技术支持企业业务、引领业务，帮助企业通过信息化、数字化和绿色化转型提升竞争优势。低碳文化对基础架构融合的促进作用主要体现在保障充足的资源投入方面，具有低碳文化特质的企业更倾向于通过加强信息化基础设施建设以促进低碳行为的实施，充足的资源投入能够有效保障信息技术硬件设施和软件系统的质量满足企业当前及规划时间内的业务需求。低碳文化对流程融合的促进作用体现在推动企业原有工作流程和模式的彻底改变。低碳文化对战略融合的促进作用主要体现在通过绿色化和数字化的协同转型为企业带来新的价值增长点。

同时，数据分析结果验证了低碳文化对企业信息技术深度融合的影响主要是通过信息技术治理和企业内部社会资本两个变量传导作用实现的。这一结论的得出一方面有利于认识到信息技术治理、企业内部社会资本两个中介变量在低碳文化影响企业信息技术深度融合过程中所扮演的重要角色；另一方面，也印证了这样一个观点，文化是企业中一切行为背后动因的观点，文化对组织的影响作用主要体现在对企业顶层设计的影响以及对组织成员的认知与行为塑造方面。

第二，低碳文化对信息技术治理的组织机制、流程机制和关系机制均产生积极影响；并且，信息技术治理组织机制、关系机制在低碳文化与企业信息技术深度融合关系中具有部分中介作用。

数据分析结果表明，低碳文化对信息技术治理的组织机制、流程机制和关系机制均产生积极影响；并且，信息技术治理的组织机制、关系机制在低碳文化与企业信息技术深度融合的关系中具有部分中介作用。信息技术治理的组织机制通过机构和职责、角色分工与权力分配等方面的总体设计，有效地衔接了业务职能与管理职能；信息技术治理的流程机制通过正式的信息化建设流程规范了企业信息技术的应用行为；而信息技术治理的关系机制建立促进信息技术与业务部门之间合作关系的激励机制和冲突解决机制，促进信息技术部门与业务部门在工作中的联系，确保信息技术与业务在基础层面、运营层面和战略层面的深度结合，从而提升了企业信息技术深度融合水平。信息技术治理的核心问题在于信息技术资源和信息技术决策权的分配问题，低碳文化将信息技术看作是提升企业环保绩效的宝贵战略资源，因而更倾向于将信息技术治理相关议题列入董事会议程，并规范整个信息技术的应用流程，这将有助于提升信息技术治理组织机制、流程机制的有效性。同时，具有低碳文化的企业鼓励每个员工通过广泛的交流和知识分享以提升其低碳行为的效能，这为信息技术治理关系机制的建立和实施提供了有力保障。这一结论验证了“文化情境—顶层制度设计—结果变量”的理论逻辑，并为基于文化视角研究深化应用信息技术提供了理论解释和实证的支持。

第三，低碳文化对企业内部社会资本具有显著的正向影响，企业内部社会资本在低碳文化与企业信息技术深度融合的关系中具有部分中介作用。

数据分析结果表明，低碳文化正向影响企业内部社会资本的认知维度与社会维度，企业内部社会资本在低碳文化与企业信息技术深度融合的关系中具有部分中介作用。低碳文化作为一种健康的企业文化，有助于企业内部成员间建立信任、密切交流和合作的良好组织关系，在这样的组织氛围下，员工愿意主动将自身掌握的知识和使用信息技术的心得与他人进行交流，也促进信息技术部门与业务部门的合作伙伴关系，有更多的机会相互参与彼此的规划制定过程，进而对彼此使命、目标和计划具有深刻理解，提升信息技术与企业业务融合水平。本书通过引入企业内部社会资本，在文化情境与企业信息技术深化应用关系间架起了桥梁，验证了“文化情境—认知提升与行为塑造—结果变量”的理论逻辑，揭示了低碳文化对企业信息化、数字化转型的深层次影响关系，对低碳文化在促进信息技术与业务部门互动行为，进而提升信息技术与业务深度融合水平方面的重要角色进行了理论解释和实证支持。

第四，企业内部社会资本的认知维度对社会维度具有显著的正向影响。

通过回归分析发现，企业内部社会资本作为低碳文化影响企业信息技术深度融合的重要中介变量，其内部两个维度之间存在着影响关系：企业内部社会资本的认知维度对社会维度具有显著的正向影响。企业中员工对于组织认同感、信任感的提升会促进员工之间、部门之间展开密切的沟通交流，因而信息技术与业务部门间的共同愿景和共享语言就更容易达成。这一结论也验证了基于场动力理论提出的认知提升有利于行为塑造的理论逻辑，揭示了企业内部社会资本的形成与积累过程。

第五，信息技术治理对企业内部社会资本的社会维度具有显著的正向影响，信息技术治理的组织机制、流程机制与关系机制均正向影响企业内部社会资本的社会维度。

数据检验结果表明，信息技术治理的组织机制、流程机制和关系机制均对社会维度产生积极影响。其中，信息技术治理关系机制对社会维度影响的效应值最大，流程机制次之，信息技术治理组织机制对社会维度影响的效应值最小。信息技术治理的组织机制通过采取一系列的机构和机制建设，解决信息技术与业务职能间的衔接和协调，信息技术架构委员会、信息技术指导委员会、信息技术战略委员会等组织机构的建立为信息技术与业务部门之间的合作提供了动力机制。信息技术治理的流程机制约束和纠正了信息技术与业务部门的日常行为，在进行信息技术投资、信息技术价值评估等环节必须保持密切的配合。信息技术治理的关系机制通过跨部门的信息技术培训、岗位轮换等方式，建立了广泛的决策相关者参与机制，激励信息技术与业务人员在工作中彼此交流、知识共享，保障业务部门和信息技术部门之间建立长久的合作伙伴关系。由此可见，信息技术治理作为企业关于信息技术的顶层设计框架，目的是保障信息技术和业务人员各司其职，对信息技术与业务部门间的互动行为具有引导、鼓励和约束作用，能够有效提升信息技术与业务部门对彼此使命、目标和计划的认知和承诺的水平。

第六，基于上述理论研究成果，本书提出了以数字化、绿色化融合发展为企业赋能的管理启示。一方面，明确了企业应如何进行低碳文化建设，本书分别从价值观层面、行为规范层面以及人为饰物层面出发，提出了企业的低碳文化建设的对策建议；另一方面，提出了企业应如何利用信息技术等手段，以企业低碳文化建设为契机，通优化信息技术顶层设计，积累企业内部社会资本等手段，将数字化与绿色化融合发展，为企业在“双碳”目标与数字经济情境下实现低碳与效益的双赢提供可借鉴的参考。

参考文献

一、相关学术著作

[1] 陈晓萍、徐淑英、樊景立:《组织与管理研究的实证方法》，北京大学出版社 2012 年版。

[2] 韩岫岚:《现代企业文化建设》，上海人民出版社 1996 年版。

[3] 李怀祖:《管理研究方法论（第 2 版）》，西安交通大学出版社 2004 年版。

[4] 刘光明:《企业文化》，经济管理出版社 2006 年版。

[5] Borenstein，M.，Hedges，L.V.，Julian，P. T.，et al.，*Introduction to Meta-Analysis*[M]. John Wiley & Sons，Ltd，1999.

[6] Burt，R.S.，*Structural Holes：The Social Structure of Competition* [M]. Cambridge. MA. Harvard University Press，1992.

[7] Conger，J.A.，Kanungo，R.N.，*Charismatic leadership in organizations*[M]. Sage Publications，Inc. 1998.

[8] Hammer，M.，Champ，J.，*Reengineering the Corporation*[M]. Harper Collins，New York，1993.

[9] Hofstede，G.，*Culture's Consequences：International Differences in Work-Related Values*[M]. Beverly Hills CA：SAGE，1980.

[10] McKeen，J.D.，Smith，H.A.，*Making IT Happen：Critical Issues in IT Management 1st Edition*[M]. Wiley，2003.

[11] Morton，M.S.S.，*The Corporation of the 1990s：Information Technology and Organizational Transformation*[M]. Lester Thurow，1991.

[12] Peters，T.J. and Waterman，R.H.，*In Search of Excellence：Lessons from America's Best-Run Companies*[M]. New York，1982.

[13] Pigott，T.D.，*Methods for handling missing data in research synthesis*[M].

New York：Russell Sage Foundation，1994.

[14] Rogers，E.M.，*Diffusion of Innovations*（4th Edition）[M]. the Free Press，New York，1995.

[15] Schein，E.H.，*Organizational culture and leadership*[M]. Jossey-Bass，SanFrancisco，1985.

[16] Tallon，P.P.，Kraemer，K.L.，*Investigating the relationship between strategic alignment and IT business value：the discovery of a paradox*[M]. Hershy，PA：Idea Publications，2003.

[17] Weill，P.，Ross，J.，*IT governance：How top managers manage IT decision rights for superior results* [M]. Boston：Harvard Business School Press，2004.

[18] Yayla，A.，Hu，Q.，*Antecedents and drivers of IT-business strategic alignment：empirical validation of a theoretical model* [C]. 17th European Conference on Information Systems，Verona，Italy. 2009.

二、相关期刊论文资料

[1] 毕新华、顾美玲、曹越：《基于元分析技术的企业信息技术深度融合与企业绩效关系研究》，《科技管理研究》2017 年第 9 期。

[2] 曹青、王永奎：《基于“低碳经济”为指导的公众日常行为分析》，《教育教学论坛》2020 年第 16 期。

[3] 陈春花、刘晓英：《管理信息系统中的文化行为研究》，《科学学与科学技术管理》2002 年第 11 期。

[4] 陈劲、白海青：《组织文化对 ERP 吸收绩效的影响研究：用户参与的中介作用》，《工业经济论坛》2015 年第 9 期。

[5] 陈婧、吴礼龙、刘发蔚等：《企业 IT 治理机制架构与模式设计》，《情报杂志》2009 年第 1 期。

[6] 陈丽琳：《企业文化建设与导入 CIS 的区别——兼论企业文化管理的含义与结构建设》，《西南民族大学学报（人文社科版）》2005 年第 10 期。

[7] 陈文波、黄丽华、曾庆丰：《基于间断平衡理论的企业复杂信息技术接受分析框架研究》，《科技导报》2006 年第 7 期。

[8] 陈鑫茹、王芳、宋萌萌等：《“双碳”目标下如何激活员工低碳组织公民行为？——基于企业低碳文化视角的实证分析》，《安徽工业大学学报（自然科学版）》2023 年第 1 期。

[9] 陈禹：《复杂适应系统（CAS）理论及其应用——由来、内容与启示》，《系统辩证学学报》2001 年第 4 期。

[10] 成瑾、白海青：《从文化视角观察高管团队行为整合》，《南开管理评论》

2013 年第 1 期。

[11] 戴化勇、鲍升华:《绿色企业文化与企业经营绩效关系研究》,《山西财经大学学报》2010 年第 12 期。

[12] 段锦云、王娟娟、朱月龙:《组织氛围研究:概念测量、理论基础及评价展望》,《心理科学进展》2014 年第 12 期。

[13] 范秀成、郑秋莹、姚唐等:《顾客满意带来什么忠诚?》,《管理世界》2009 年第 2 期。

[14] 甘曦之:《低碳经济:理念、实践、创新》,《商业经济》2016 年第 6 期。

[15] 高皓、朱涛、张晶等:《中国企业 IT 治理机制的实证研究》,《科学学与科学技术管理》2010 年第 4 期。

[16] 胡安安、黄丽华、凌鸿:《基于文化视角的信息技术应用研究述评》,《研究与发展管理》2009 年第 3 期。

[17] 黄焕山:《论低碳文化》,《武汉商业服务学院学报》2010 年第 2 期。

[18] 黄小凡:《企业低碳文化建设的影响因素与路径》,《企业研究》2018 年第 4 期。

[19] 赖弘毅、晁钢令:《渠道权力的使用效果研究——基于元分析技术》,《南开管理评论》2014 年第 1 期。

[20] 兰光华:《企业低碳文化建设因素分析和研究》,《企业家天地》2013 年第 1 期。

[21] 李大元:《企业环境不确定性研究及其新进展》,《管理评论》2010 年第 11 期。

[22] 李东、李继学、邱凌云:《信息技术—业务匹配研究述评——基于引文分析法》,《外国经济与管理》2013 年第 4 期。

[23] 李强:《基于低碳经济视角的新能源技术研究》,《科技资讯》2022 年第 14 期。

[24] 李善宏、吕雁琴:《能源供需双侧协同绿色低碳发展研究》,《技术经济与管理研究》2022 年第 10 期。

[25] 李爽、王劲文:《低碳城市试点政策、居民低碳素养与企业绿色技术创新》,《中国人口·资源与环境》2023 年第 4 期。

[26] 李顺祥:《论绿色企业文化的内涵及构建策略》,《山东社会科学》2012 年第 6 期。

[27] 李维安:《公司治理的新进展:公司治理评价》,《南开管理评论》2004 年第 2 期。

[28] 连冬花:《论创新文化》,《科技管理研究》2013 年第 6 期。

[29] 罗顺元:《论低碳文化与文明前景》,《未来与发展》2010 年第 5 期。

[30] 马立新:《论低碳文化及其建设路径》,《齐鲁学刊》2013 年第 6 期。

[31] 石代伦、潘九朱：《发挥 IT 的商业价值——一个业务与技术融合的观点》，《软科学》2006 年第 5 期。

[32] 石孟园：《书写绿色低碳交通答卷，添彩美丽中国绿色未来》，《中国水运》2023 年第 5 期。

[33] 石熠、陈智高：《企业文化对信息系统应用效果影响的实证研究》，《中国管理信息化》2013 年第 19 期。

[34] 宋丹、李东：《基于流程活动的 IT 与企业战略匹配测量》，《北京大学学报（哲学社会科学版）》2011 年第 1 期。

[35] 隋杨、陈云云、王辉：《创新氛围、创新效能感与团队创新：团队领导的调节作用》，《心理学报》2012 年第 2 期。

[36] 谈新敏：《低碳文化和低碳文化自觉》，《郑州大学学报（哲学社会科学版）》2012 年第 6 期。

[37] 唐秀丽、辜应康：《强颜欢笑还是真情实意：组织认同、基于组织的自尊对服务人员情绪劳动的影响》，《旅游学刊》2016 年第 1 期。

[38] 唐志豪、胡克瑾、计春阳：《IT 治理与公司治理的互动性研究》，《科学学与科学技术管理》2008 年第 11 期。

[39] 田野、常红：《信息系统适配研究：述评与展望》，《科技管理研究》2014 年第 5 期。

[40] 王玲玲、张艳国：《"绿色发展" 内涵探微》，《社会主义研究》2012 年第 5 期。

[41] 王念新、杜凌云、葛世伦：《企业信息技术匹配动态调整模式的多案例研究》，《科技进步与对策》2017 年第 19 期。

[42] 王玮、廖勇：《企业信息系统采纳后行为评介与展望》，《外国经济与管理》2011 年第 2 期。

[43] 王勇：《绿色发展理论内涵、评估方法及策略路径研究回顾与展望》，《环境与可持续发展》2020 年第 1 期。

[44] 韦帅民：《数字经济与制造业低碳转型的理论与经验证据》，《技术经济与管理研究》2023 年第 12 期。

[45] 魏江、赵立龙、冯军政：《管理学领域中元分析研究现状评述及实施过程》，《浙江大学学报（人文社会科学版）》2012 年第 5 期。

[46] 肖静华、谢康、张延林：《应用视角的 IT 与业务融合规律研究》，《管理评论》2012 年第 2 期。

[47] 谢卫红、成明慧、王田绘等：《IT 能力对企业吸收能力的影响机理研究——基于 IT 治理的视角》，《研究与发展管理》2015 年第 6 期。

[48] 杨瑞龙、周业安：《论利益相关者合作逻辑下的企业共同治理机制》，《中国工业经济》1998 年第 1 期。

[49] 姚山季、王永贵、贾鹤:《产品创新与企业绩效关系之 Meta 分析》,《科研管理》2009 年第 4 期。

[50] 易艳:《论低碳文化的建构》,《武汉理工大学学报（社会科学版）》2013 年第 4 期。

[51] 余晓钟、魏新:《论低碳文化的科学内涵、功能及建设方法》,《贵州社会科学》2012 年第 8 期。

[52] 余晓钟、杨林、杨洋:《论低碳文化的十大特征》,《贵州社会科学》2015 年第 11 期。

[53] 俞鼎、陈玲:《“低碳文化”概念的基本思想、运行操作及文明前景》,《科技管理研究》2014 年第 10 期。

[54] 岳小花:《公众参与绿色低碳发展探析》,《环境保护》2017 年第 20 期。

[55] 张方华:《企业社会资本与技术创新绩效概念模型与实证分析》,《研究与发展管理》2006 年第 3 期。

[56] 张骁、胡丽娜:《创业导向对企业绩效影响关系的边界条件研究——基于元分析技术的探索》,《管理世界》2013 年第 6 期。

[57] 张延林、肖静华、李礼等:《业务成功历史、CEO 信念与先验匹配——社会维度视角下 IT 与业务匹配的中国情境案例》,《管理科学学报》2014 年第 2 期。

[58] 张延林、肖静华、谢康:《信息系统与业务战略匹配研究述评》,《管理评论》2014 年第 4 期。

[59] 张占仓:《科学稳健实施绿色低碳转型战略路径研究》,《改革与战略》2022 年第 4 期。

[60] 仲洁:《推动能源融合发展，实现绿色低碳转型》,《中国电力企业管理》2022 年第 15 期。

[61] 周雪芳:《变革型领导对员工创新行为的影响研究——兼论组织认同与自我效能感的作用》,《经营与管理》2024 年第 1 期。

[62] 邹瞳、郭丕斌、吴青龙:《中国能源系统“高碳解锁”向低碳转型机制研究——基于社会—技术转型视角》,《中北大学学报（社会科学版）》2023 年第 2 期。

[63] Albert，S.，Whetten，D. A.，Organizational identity[J]. *Research in Organizational Behavior*，1985：263-295.

[64] Anderson，T.D.，The 4Ps of innovation culture：Conceptions of creatively engaging with information [J]. *Information Research an International Electronic Journal*，2013，18（3）：965-991.

[65] Armstrong，C.P.，Ramamurthy，V.，Information technology assimilation in firms：the influence of senior leadership and IT infrastructures[J]. *Information Systems Research*，1999，10（4）：304-327.

[66] Ashforth, B.E., Mael, F., Social identity theory and the organization[J]. *Academy of Management Review*, 1989, 14 (1): 20-39.

[67] Banker, R.D., Hu, N., Pavlou, P.A., et al., CIO reporting structure, strategic positioning, and firm performance[J]. *MIS Quarterly*, 2011, 35 (2) : 487-504.

[68] Benbya, H., Mckelvey, B., Using coevolutionary and complexity theories to improve IS alignment : a multi-level approach[J]. *Journal of Information Technology*, 2006, 21 (4): 284-298.

[69] Bergeron, F., Raymond, L., Rivard S. Fit in strategic information technology management research : An empirical comparison of perspectives [J]. *The International Journal of Management Science*, 2001, (29): 125-142.

[70] Bharadwaj, A., Sawy, O.A., Pavlou P A. Digital business strategy : Toward a next generation of insights [J]. *MIS Quarterly*, 2013, 37 (2): 471-482.

[71] Broadbent, M., Weill, P., Improving business and information strategy alignment: Learning from the banking industry [J]. *IBM Systems Journal*, 1993, 32 (1): 162-179.

[72] Broadbent, M., Weill, P., Management by maxim : how business and IT managers can create IT infrastructures [J]. *Sloan Management Review*, 1997, 38 (3) : 77-92.

[73] Brown, C.V., Magill, S.L., Alignment of the IS functions with the enterprise : toward a model of antecedents [J]. *MIS Quarterly*, 1994, 18 (4): 371-403.

[74] Burt, R.S., The networks structure of social capital[J]. *Research Organizational Behavior*, 2000, 22 : 345-423.

[75] Campbell, B., Kay, R., Avison, D., Strategic alignment : A practitioner's perspective[J]. *Journal of Enterprise Information Management*, 2005, 18 (6) : 653-664.

[76] Chan, Y.E., Reich, B.H., IT alignment : An annotated bibliography [J]. *Journal of Information Technology*, 2006, 22 (4): 316-396.

[77] Chan, Y.E., Sabherwal, R., Thatcher, J.B., Antecedents and outcomes of strategic IS alignment : an empirical investigation [J]. *IEEE Transactions on Engineering Management*, 2006, 53 (1): 27-47.

[78] Chan, Y., Why we have not the alignment? The importance of the informal organizational structure [J]. *MIS Quarterly Executive*, 2002, 1 (2): 97-112.

[79] Charoensuk, S., Wongsawat, W., Khang, D.B., Business-IT alignment : a practical research approach [J]. *Journal of High Technology Management Research*,

2014，(25)：132-147.

[80] Chen，D.Q.，Mocker，M.，Preston，D.S.，et al.，Information systems strategy：reconceptualization，measurement，and implications [J]. *MIS Quarterly*，2010，34 (2)：233-259.

[81] Chen，Y.S.，Green organizational identity：sources and consequence[J]. *Management Decision*，2011，49 (3)：384-404.

[82] CIO Staff. Is your culture hindering alignment? [J]. *CIO Insight*，2004，45 (1)：65-75.

[83] Cooper，R.B.，Zmud，R.W.，Information Technology Implementation Research：A Technological Diffusion Approach[J]. *Management Science*，1990，(36)：123-139.

[84] Covin，J.G.，Slevin，D.，Strategic management of small firms in hostile and benign environments[J]. *Strategic Management Journal*，1989，(10)：75-87.

[85] Cragg，P.，Hussin，H.，King，M.C.，IT alignment in small firms[J]. *European Journal of Information Systems*，2002，11：108-127.

[86] Davis，F.，Perceived usefulness，perceived ease of use，and user acceptance of information technology [J]. *MIS Quarterly*，1989，13 (3)：319-341.

[87] Delone，W.H.，McLean，E.R.，Information systems success：The quest for the dependent variable [J]. *Information Systems Research*，1992，3 (1)：60-95.

[88] Garvin，D.A.，Building a Learning Organization[J]. *Harvard Business Review*，1993，(71)：78-91.

[89] Glass，G.V.，Primary，secondary，and meta-analysis of research[J]. *Educational Researcher*，1976，5 (10)：3-8.

[90] Grembergen，W.V.，Haes，S.D.，A research journey into enterprise governance of IT，Business/IT alignment and value creation[J]. *Business Strategy and Applications in Enterprise IT Governance*，2010，1 (1)：1-13.

[91] Harper，G.R.，Utley，D.R.，Organizational culture and successful information technology implementation [J]. Engineering Management Journal，2001，13 (2)：11-15.

[92] Henderson，J.C.，Venkatraman，N.，Strategic Alignment：Leveraging Information Technology for Transforming Organizations[J]. *IBM Systems Journal*，1993，1 (32)：472-484.

[93] Hirschheim，R.，Sabherwal，R.，Detours in the path toward strategic information systems alignment [J]. *California Management Review*，2001，44 (1)：87-108.

[94] Huang，R.，Zmud，R.W.，Price R L. Influencing the effectiveness of IT governance practices through steering committees and communication policies [J]. *European Journal of Information Systems*，2010，19（3）：288-302.

[95] Hunter，J.E.，Schmidt，F.L.，Method of meta-analysis：correcting error and bias in research findings [J]. *Evaluation & Program Planning*，2006，29（3）：236-237.

[96] Inkpen，A.C.，Tsang，E.W.K.，Social capital，networks，and knowledge transfer[J]. *Academy of Management Review*，2005，30（1）：122-130.

[97] Jacks，T.，Palvia，P.，Schilhavy，R.，et al.，A Framework for the impact of it on organizational performance [J]. *Business Process Management Journal*，2011，5（17）：846-870.

[98] Jasperson，J.S.，Carter，P.E.，Zmud，R.W.，A comprehensive conceptualization of post-adoption behaviors associated with information technology enabled work systems[J]. *MIS Quarterly*，2005，29（3）：525-557.

[99] Jewer，J.，Mckay，K.N.，Antecedents and consequences of board IT governance：Institutional and strategic choice perspectives[J]. *Journal of the Association for Information Systems*，2012，13（7）：581-617.

[100] Karimi，J.，Bhattacherjee，A.，Gupta，Y.P.，et al.，The effects of MIS steering committees on information technology management sophistication [J]. *Journal of Management Information System*，2000，17（2）：207-234.

[101] Kearns，G.S.，Lederer，A.L.，A resource-based view of strategic IT alignment：how knowledge sharing creates competitive advantage [J]. *Decision Sciences*，2003，34（1）：1-29.

[102] Kira，A. H.，Jayachandran，S.，Bearden，W.O.，Market orientation：a meta-analytic review and assessment of its antecedents and impact on performance[J]. *Journal of Marketing*，2005，69：24-41.

[103] Leidner，D.E.，Kayworth，T.R.，A review of culture in information systems research：Toward a theory of information technology culture conflict[J]. *MIS Quarterly*，2006，30（2）：357-399.

[104] Lewin，K.，Lippitt，R.，White，R.K.，Patterns of aggressive behavior in experimentally created "social climates" [J]. *The Journal of Social Psychology*，1939，10：271-299.

[105] Luftman，J.，Kempaiah，R.，An update on business-IT alignment："A line" has been drawn[J]. *MIS Quarterly Executive*，2007，6（3）：165-177.

[106] Luftman，J.，Papp，R.，Brier，T.，Enablers and inhibitors of business-IT alignment[J]. *Communications of the AIS*，1999，1（11）：1-33.

[107] Luftman, J., Assessing business-IT alignment maturity [J]. *Communications of AIS*, 2000, 4 (14): 1-49.

[108] Martin, J., Siehl, C., Organizational culture and counterculture : An uneasy symbiosis panel [J]. *Organizational Dynamics*, 1983, 2 (12): 52-64.

[109] Mekawy, M.E., Rusu, L., Perjons, E., An evaluation framework for comparing business-IT alignment models : A tool for supporting collaborative learning in organizations [J]. *Computers in Human Behavior*, 2015, (51): 1229-1247.

[110] Nahapiet, J.V., Ghoshal, S., Social capital, intellectual capital, and the organizational advantage[J]. *Academy of Management Review*, 1998, 23 (2): 323-370.

[111] Newkirk, H., Lederer, A., The effectiveness of strategic information systems planning under environmental uncertainty[J]. *Information& Management*, 2006, (43): 481-501.

[112] Nibedita, B., Irfan, M., The role of energy efficiency and energy diversity in reducing carbon emissions : empirical evidence on the long-run trade-off or synergy in emerging economies[J]. *Environmental Science and Pollution Research*, 2021, (28) : 56938-56954.

[113] Pearson, P.J.G., Foxon, T.J., A low carbon industrial revolution? Insights and challenges from past technological and economic transformations [J]. *Energy Policy*, 2012 (50): 117-127.

[114] Prasad, A., Green, P., Heales, J., On IT governance structures and their effectiveness in collaborative organizational structures [J]. *International Journal of Accounting Information Systems*, 2012, 13 (3): 199-220.

[115] Preston, D.S., Chen, D., Leidner, D.E., Examining the antecedents and consequences of CIO strategic decision-making authority : An empirical study[J]. *Decision Sciences*, 2008, 39 (4): 605-642.

[116] Putnam, R.D., Bowling alone : America's declining social capital[J]. *Journal of Democracy*, 1995, 6 (1): 125-163.

[117] Ravishankar, M.N., Pan, S.L., Leidner, D.E., Examining the strategic alignment and implementation success of a KMS: a subculture-based multilevel analysis[J]. *Information Systems Research*, 2011, 22 (1): 39-59.

[118] Reich, B.H., Benbasat, I., Factors that influence the social dimension of alignment between business and information technology objectives [J]. *MIS Quarterly*, 2000, 24 (1): 81-113.

[119] Reich, B.H., Benbasat, I., Measuring the linkage between business and information technology objectives [J]. *MIS Quarterly*, 1996, 20 (1): 55-81.

[120] Robert，C.，Reardon.，Janet，G.，et al.，Holland's theory and career assessment[J]. *Journal of Vocational Behavior*，1999，1（55）：102-113.

[121] Roberts，C.，Geels，F.W.，Lockwood，M.，et al.，The politics of accelerating low-carbon transitions：Towards a new research agenda [J]. *Energy Research & Social Science*，2018，（44）：304-311.

[122] Sabherwal，R.，Hirschheim，R.，Goles，T.，The dynamics of alignment：Insights from a punctuated equilibrium model[J]. *Organization Science*，2001，12（2）：179-197.

[123] Sabherwal，Y.，Chan，R.E.，Alignment between business and IS strategies：A study of prospectors，analyzers，and defenders[J]. *Information Systems Research*，2001，12（1）：11-33.

[124] Sambamurthy，V.，Zmud，R.W.，Arrangements for information technology governance：A theory of multiple contingencies [J]. *MIS Quarterly*，1999，23（2）：261-290.

[125] Sovacool，B.K.，Demski，C.，Noel，L.，et al.，Culture and comfort in European preferences for low-carbon heat[J]. *Global Environmental Change*，2021：（66）：102-110.

[126] Srinivasan，R.N.，Occupational cultures of information systems personnel and managerial personnel：Potential conflicts [J]. *Communication of Association for Information System*，2011，29（31）：581-604.

[127] Stephenson，J.，Barton，B.，Carrington，G.，et al.，The energy cultures framework：Exploring the role of norms，practices and material culture in shaping energy behavior in New Zealand[J]. *Energy Research and Social Science*，2015，（7）：117-123.

[128] Tallon，P.P.，A process-oriented perspective on the alignment of information technology and business strategy [J]. *Journal of Management Information Systems*，2007，24（3）：227-268.

[129] Tanriverdi，H.，Rai，A.，Venkatraman，N.，Research commentary—reframing the dominant quests of information systems strategy research for complex adaptive business systems [J]. *Information Systems Research*，2010，21（4）：822-834.

[130] Venkatesh，V.，Morris，M.G.，Davis，G.B.，Davis F.D.，User acceptance of information technology：Toward a unified view[J]. *MIS Quarterly*，2003，27（3）：425-478.

[131] Venkatraman，N.，The concept of fit in strategy research：Toward verbal and statistical correspondence[J]. *The Academy of Management Review*，1989，3（14）：423-444.

[132] Vijayakumar，V.，Padma，R.，Impact of perceived organizational culture and learning on organizational identification[J]. *International Journal of Commerce and Management*，2014，24：40-62.

[133] Wang，N.C.，Xue，Y.J.，Ge，S.，The road to business-IT alignment：A case study of two Chinese companies[J]. *Communication of the Association for Information System*，2011，28（26）：415-436.

[134] Williams，C.K.，Karshana，E.，Causal explanation in the coordinating process：A critical realist case study of federated IT governance structures[J]. *MIS Quarterly*，2013，37（3）：933-964.

[135] Wu，S.P.，Straub，D.W.，Liang T.P.，How information technology governance mechanisms and strategic alignment influence organizational performance：Insights from a matched survey of business and IT managers[J]. *MIS Quarterly*，2015，39（2）：497-518.

[136] Yin，J.，Shi，S.，Social interaction and the formation of residents' low-carbon consumption behaviors：An embeddedness perspective[J]. *Resources Conservation and Recycling*，2021，（164）：105-116.

三、相关学位论文资料

[1] 陈晓春：《用户对企业信息系统使用的动因研究：高层战略领导的影响机制》，河北工业大学博士学位论文，2012 年。

[2] 陈旭：《基于利益相关者视角的商业银行公司治理与经营绩效研究》，湘潭大学博士学位论文，2016 年。

[3] 范冬梅：《东北老工业基地绿色企业文化建设研究》，齐齐哈尔大学博士学位论文，2013 年。

[4] 高林林：《绿色组织认同、绿色双元创新与绿色竞争优势》，山西财经大学博士学位论文，2019 年。

[5] 高喜超：《碳无形资产视角下的企业低碳竞争力系统评价》，西安交通大学博士学位论文，2014 年。

[6] 郭润萍：《高技术新创企业知识整合、创业能力与绩效关系研究》，吉林大学博士学位论文，2015 年。

[7] 胡安安：《企业信息系统的组织采纳规律及其文化因素影响研究》，复旦大学博士学位论文，2010 年。

[8] 黄小凡：《DF 汽车公司低碳文化建设研究》，湖北工业大学博士学位论文，2018 年。

[9] 贾昱：《基于复杂适应系统的多层次信息技术与业务匹配动态性研究》，江

苏科技大学博士学位论文，2016 年。

[10] 江炼:《两化融合背景下制造企业 IT 治理对 IT 能力的影响机制研究》，华南理工大学博士学位论文，2014 年。

[11] 刘消寒:《企业文化、企业创新动力与创新能力的关系研究》，吉林大学博士学位论文，2011 年。

[12] 欧阳斐:《低碳企业文化与企业内部社会资本》，华东师范大学博士学位论文，2012 年。

[13] 彭秀青:《基于知识视角的个体层面向组织层面创业学习转化机理研究》，吉林大学博士学位论文，2017 年。

[14] 齐晓云:《信息技术融合及其对组织绩效影响的实证研究》，吉林大学博士学位论文，2011 年。

[15] 石爽:《中国石化绿色企业文化建设研究》，大庆石油学院博士学位论文，2010 年。

[16] 王德胜:《基于持续竞争优势的企业文化作用机理研究》，天津大学博士学位论文，2010 年。

[17] 王瑞琳:《青海省资源型企业绿色企业文化建设研究》，青海大学博士学位论文，2015 年。

[18] 王雅薇:《公共信息服务机构信息生态治理、IT 应用能力与服务创新绩效关系的研究》，吉林大学博士学位论文，2017 年。

[19] 徐晨燕:《低碳文化对企业绩效影响的研究》，华东交通大学博士学位论文，2008 年。

[20] 杨红军:《非正式制度与企业文化研究》，吉林大学博士学位论文，2004 年。

[21] 余翠玲:《信息技术吸纳能力理论模型与实证研究》，吉林大学博士学位论文，2010 年。

[22] 张莉莉:《组织文化对于组织成员作用机制研究——借鉴催化动力学方法》，北京交通大学博士学位论文，2012 年。

[23] 张瑜:《信息化投资、IT 治理与公司绩效关系研究》，首都经济贸易大学博士学位论文，2017 年。

[24] Asante，K.K.，Information technology（IT）strategic alignment ：A correlational study between the impact of IT governance structures and IT strategic alignment [D]. Minneapolis ：Capella University，2010.

[25] Gerow，J.E.，IT-business strategic alignment ：essays examining types of alignment and their relationship with firm performance [D]. South Carolina Clemson City in the United States ：Clemson University，2011.

[26] Hammett，B.M.，Corporate strategy and technology alignment factors that

contribute to strategy and technology alignment [D]. Minneapolis：Capella University，2008.

[27] Street，C.T.，Evolution in IS alignment and IS alignment capabilities over time：a test of punctuated equilibrium theory [D]. Kingston，Canada：Queen's University，2006.

四、相关网络资料

[1] MBA 智库：《诺兰的阶段模型》，2023 年，见 https://www.hbs.edu/faculty/Pages/profile.aspx?facId=6524&view=featured-work。

[2] 刘薇：《以绿色发展引领经济高质量发展》，2023 年 4 月 28 日，见 http://theory.people.com.cn/n1/2023/0428/c40531-32675377.html。

[3] 百度百科：《企业社会责任》，2023 年 10 月 10 日，见 https://baike.baidu.com/item/ 企业社会责任 /1275。

[4] 搜狐网赵春雨：《IT 与业务融合探索》，2017 年 6 月 17 日，见 http://www.sohu.com/a/149774511_399582。

[5] Bareja D，王启译 . COBIT 框架：《灾难恢复计划的重要标尺》，2017 年 6 月 17 日，见 https://searchdatacenter.techtarget.com.cn/9-18516/。

责任编辑：武丛伟
封面设计：王欢欢

图书在版编目（CIP）数据

低碳文化对企业信息技术深度融合的影响 / 顾美玲著. -- 北京：人民出版社，2024. 12. -- ISBN 978－7－01－026898－9

Ⅰ. F279. 23

中国国家版本馆 CIP 数据核字第 2024460FJ1 号

低碳文化对企业信息技术深度融合的影响
DITAN WENHUA DUI QIYE XINXI JISHU SHENDU RONGHE DE YINGXIANG

顾美玲　著

人民出版社 出版发行
（100706　北京市东城区隆福寺街 99 号）

北京九州迅驰传媒文化有限公司印刷　新华书店经销

2024 年 12 月第 1 版　2024 年 12 月北京第 1 次印刷
开本：710 毫米 ×1000 毫米 1/16　印张：13
字数：160 千字

ISBN 978－7－01－026898－9　定价：68.00 元

邮购地址 100706　北京市东城区隆福寺街 99 号
人民东方图书销售中心　电话（010）65250042　65289539

版权所有 · 侵权必究
凡购买本社图书，如有印制质量问题，我社负责调换。
服务电话：（010）65250042